M1TO

O MAIOR GOLEIRO ARTILHEIRO DO MUNDO

Companhia Editora Nacional

Em sua casa, no seu solo, Rogério Ceni grava comercial de apresentação do seu último manto, a camisa de despedida no São Paulo (#PraSempreM1TO, Under Armour, 6/10/2015).

M1TO

Sorriso de campeão: depois do empate por 1 a 1 com o Atlético-PR no Morumbi lotado, Rogério Ceni esperou em campo pela derrota do Internacional, diante do Paraná, para festejar o primeiro Brasileiro da carreira, quarto do São Paulo, que voltou a vencer após 15 anos. (19/11/2006)

"O dono do mundo trocou o planeta pelo Brasil."

TEM GOLEROS
SÓ NÓS
TEMOS

Seu time tem goleiro? O nosso tem Rogério, muito mais do que um goleiro! Esse é o recado da apaixonada torcida tricolor. (29/3/2011)

Um carinho, um aceno, sempre foi assim: o respeito de Rogério pela torcida na comemoração do tetracampeonato brasileiro. Fabão fez o gol no jogo do título, mas foi o goleiro o principal artilheiro da equipe na competição: oito gols. (19/11/2006)

“Meu maior feito é completar 25 anos no SPFC.”

O olhar concentrado se tornaria explosão de alegria em segundos com o gol de pênalti sobre o Atlético-MG, que abriu a vitória por 2 a 0 e levou o São Paulo às oitavas de final da Libertadores. Foi o gol número 111 do ídolo, recordista brasileiro de jogos na competição, com 90, e também de vitórias, 51. (17/4/2013)

SUMÁRIO

No glorioso ano de 2005, o Brasileirão para o São Paulo virou uma pré-temporada de luxo para o Mundial. Mesmo assim, Rogério Ceni fez nada menos que 10 gols. Na foto, ele comemora o de número 50 da carreira, na vitória por 4 a 2 sobre o Vasco. (18/9/2005)

“Meu coração é um escudo de cinco pontas, vermelho, preto e branco.”

Na semifinal da Copa Sul-Americana, o São Paulo tinha em campo astros como Kaká, Paulo Henrique Ganso e Luis Fabiano contra o Atlético Nacional, da Colômbia, mas dentre os grandes... a torcida deixou claro quem era o primeiro em seu coração. (26/11/2014)

Relíquia! Foi com esse par de chuteiras que o capitão marcou seu centésimo gol, sobre o Corinthians. Elas foram dadas de presente ao amigo Rui Branquinho. (27/3/2011)

PREFÁCIO

Não consigo encontrar outra forma de escrever sobre Rogério Ceni que não seja a do meu ponto de vista de torcedor. Sem desmerecer seu início de carreira no Sinop, é impossível não associá-lo ao nome do São Paulo Futebol Clube. Durante 25 anos Rogério vestiu unicamente a camisa tricolor. E foi nesses 25 que ele atingiu marcas memoráveis, conquistou títulos, bateu recordes, construiu sua reputação extraordinária dentro do futebol brasileiro (e por que não dizer mundial?) e dentro da história do time do Morumbi.

Sou um admirador de toda forma de transgressão do senso comum, de expansão dos limites, da superação de marcas, mas não apenas no sentido quantitativo. Me interesso muito mais pela alteração da qualidade, pela ampliação do modo de enxergar e praticar uma modalidade, seja esportiva seja artística ou profissional, ou mesmo aquela feita por diletantismo. No caso de Rogério, seus feitos juntam todas elas.

Para qualquer pessoa que goste de futebol, a figura do goleiro sempre foi cercada de mistério, uma escolha de risco que, pela própria função dentro de um time, é a mais perigosa, desafiadora; a que leva ao extremo os limites entre a glória e a desgraça. E não há história mais representativa desse paradoxo do que a de Rogério Ceni.

Sua incrível técnica embaixo das traves é notória. Não é à toa que manteve a titularidade em seu time durante tanto tempo. Seria redundante listar aqui as inúmeras conquistas de que participou como protagonista – as imagens deste livro ilustram isso melhor do que as minhas palavras. Bastaria citar apenas uma delas, certamente a mais emblemática dessa trajetória vitoriosa: a portentosa defesa naquela falta batida por Gerrard, no título do Mundial de 2005.

Ela sem dúvida faz parte do panteão das mais impressionantes intervenções feitas por um goleiro na história do futebol: é magistral, improvável, inacreditável, artística!...

E, como na arte, os parâmetros para a comparação de jogadores são redutores, inócuos. Há um sem-número de variáveis que atuam na realização de seus feitos. O futebol jogado nos anos 1950, 1970 não pode ser comparado ao jogado nos dias de hoje, isso sem levar em conta uma conjunção de fatores que vai desde a mudança das regras até a evolução da preparação física, a sofisticação tecnológica das chuteiras etc... O grande talento nunca é maior ou menor do que outro: ele é simplesmente diferente, único. O gênio é atemporal, sobrevive ao passar das gerações. Seu legado se registra na memória, cria a própria História.

A grande particularidade de Rogério Ceni não é apenas ter evitado gols (fator para o qual não há contabilidade possível), mas também ter balançado as redes adversárias; nosso goleiro fez mais de uma centena de gols, batendo faltas... e pênaltis!!! Como distinguir a quantidade de vitórias que foram garantidas por suas defesas daquelas que contaram com seus gols? Impossível! Rogério Ceni é um mestre não só na habilidade com que emprega suas mãos, mas também na precisão mortífera de seus pés. Além de incontáveis defesas decisivas, fez gols que podem ser descritos como verdadeiras pinturas.

Seria impossível neste prefácio tratar da magnitude de sua trajetória profissional – me falta talento para tal empreitada –, acredito que não haja palavras que deem conta da complexidade dos sentimentos que envolvem a paixão pelo futebol. As fotografias que vocês verão em seguida contarão com a legenda da memória afetiva de cada um – de partidas cujos lances tantas lentes registraram.

Mas antes de encerrar estes parágrafos há algo que ainda gostaria de mencionar. Nestes tempos, em que o futebol se transformou numa indústria artificial de celebridades; em que se misturou com a propaganda histérica do marketing, se distanciando da realidade; em que se dissolveu na mistura das culturas com o tsunami da globalização; em que se corrompeu seduzido pelas tenebrosas transações das fortunas das empresas mutinacionais, a longevidade da carreira de Rogério Ceni defendendo um único distintivo ao longo de 25 anos é muito mais do que um verbete a ser consultado no livro dos recordes: é um gesto impressionante e comovente de um tempo que, infelizmente, ficou para trás. É por isso que nós, torcedores do São Paulo, passamos a chamá-lo de "O M1TO".

Nando Reis

É tetra! Os artistas Rogério Ceni e Nando Reis comemoram a conquista antecipada do Campeonato Brasileiro, após o empate com o Atlético-PR. (19/11/2006)

O presidente Marcelo Portugal Gouvêa foi importante para Ceni. Em 2004, ele renovou seu contrato com multa que o protegia no clube. Na foto, ele homenageia o goleiro por 500 jogos no São Paulo. Campeão do mundo

O momento era decisivo. No ar, expectativa e tensão. A bola é ajeitada no gramado, e o jogador recua quatro, cinco passos para a cobrança de falta. O torcedor fica apreensivo, enquanto o batedor aproxima-se cada vez mais da bola. Então vem o chute, que descreve uma trajetória precisa em direção à rede. Gooooll!!!!! O locutor e a torcida gritam em coro: Rogérioooo!!! Rogérioooo!!! Sim, era Rogério Ceni, mas não se tratava de uma defesa. Era o primeiro gol do M1TO contra a meta adversária.

A cena inusitada – de um goleiro fazer gol – aconteceu em 15 de fevereiro de 1997, no Estádio Hermínio Ometto, em Araras. Depois daquela cobrança de falta, muitas outras equipes teriam o destino do União São João: levar um gol marcado por Rogério Ceni. O goleiro artilheiro viria a repetir a cena em faltas e pênaltis. Foram 131 gols marcados, mais que o dobro do paraguaio José Luis Chilavert, segundo na lista de goleiros artilheiros da FIFA.

Mais tarde, Rogério acumularia ainda outros recordes importantes, tendo o maior número de atuações como capitão e jogador com mais vitórias por sua equipe. Ele também seria eleito o atleta que mais entrou em campo no Campeonato Brasileiro e na Libertadores da América.

Rogério Ceni nasceu na cidade de Pato Branco, no Paraná. Morou lá, na vizinha Chopinzinho e na capital Curitiba até se mudar para Sinop, aos 12 anos. No Mato Grosso, sua técnica atraiu a atenção do time local.

O Sinop Futebol Clube o convocou para integrar o grupo em 1990, como terceiro goleiro. Com as lesões dos outros jogadores da posição, virou titular e passou a dividir os treinos com seu trabalho no Banco do Brasil. Pegou um pênalti logo na estreia e levou a equipe ao primeiro título estadual de um time do interior do estado. O sucesso precoce o levou a um teste no São Paulo, no início de setembro daquele ano.

O goleiro foi aprovado pelo São Paulo Futebol Clube. No início, morou no alojamento dos atletas (na época, no próprio estádio do Morumbi). Em 7 de setembro de 1990, foi contratado pelo clube e deu o primeiro passo para ser o jogador que mais vezes vestiu a camisa de sua equipe (o segundo colocado é ninguém menos que Pelé, com a camisa do Santos). Começava a história inigualável do maior goleiro artilheiro do mundo.

Pelas mãos do mestre Telê Santana, Rogério subiu para o time principal em 1992, e foi inscrito em alguns jogos do Campeonato Paulista. O primeiro foi no dia 20 de agosto contra o Guarani, em Campinas. Em 1993, Rogério voltaria aos Juniores, sendo campeão da Copa São Paulo em cima do Corinthians. A estreia como titular do time profissional aconteceria em 25 de junho.

Foi uma época de ouro do São Paulo: o time ganhava tudo, de Mundial de Clubes a torneios internacionais tradicionais da época. O Santiago de Compostela era um deles. Ceni estreou contra o Tenerife, agarrando um pênalti. Sua performance, que transmitia segurança à equipe, já chamava a atenção dos dirigentes. Logo mais, a torcida tricolor entenderia a enorme importância do goleiro para o time. Na final contra o River Plate, da Argentina, Rogério fez uma defesa exuberante durante as cobranças de pênaltis e garantiu a vitória do SPFC.

Não foi fácil nem rápido. Numa época em que o Tricolor acabara de sagrar-se campeão da América e do Mundo por duas vezes, Zetti era titular inquestionável. Rogério, por sua vez, mesmo em início de carreira, demonstrava precisão. O time era o incrível Expressinho, formação que conquistou a Taça Conmebol em 1994, chefiada por Muricy Ramalho, enquanto os titulares (sob o comando de Telê Santana) disputavam outros torneios.

O primeiro título, da Conmebol, mostrou à torcida e ao mundo o talento de Rogério. Na semifinal contra o Corinthians (segundo jogo), ele defendeu dois pênaltis e converteu sua cobrança com a competência de sempre. Na final, contra o Peñarol, mais precisamente no primeiro jogo, o São Paulo ganhou por 6 a 1. No segundo jogo, em Montevidéu, no Uruguai, só deu Rogério. Com defesas impossíveis, ele garantiria o título.

Por alguns anos, a torcida tricolor não se preocupou com a posição de goleiro. Além de Zetti, titular da era mais vitoriosa já vista no clube, Rogério era a segurança que o torcedor precisava para a continuidade das conquistas. Quando Zetti saiu do time, em dezembro de 1996, o torcedor despediu-se de um ídolo e viu o nascimento de outro. Chegara a vez de Rogério Ceni.

O time do São Paulo entrava num período de vacas magras, com poucos títulos de expressão na virada do século. Dois deles, no entanto, foram importantes para Rogério ganhar experiência e abrir espaço como

No túnel de acesso ao gramado do Morumbi, pelo qual passou mais de 1.200 vezes, Rogério grava comercial de nova camisa da Penalty. (1/11/2014)

Rivaldo, eleito melhor jogador do mundo pela Fifa em 1999, estreou no São Paulo 12 anos depois. Como presente de recepção, ganhou o gol 97 da carreira de Rogério, que bateu falta com perfeição na vitória por 3 a 2 sobre o Linense. (3/2/2011)

batedor de falta — os Campeonatos Paulistas de 1998 e 2000. No primeiro, o torcedor teve a satisfação de voltar a gritar o nome de um dos grandes ídolos: depois de cinco anos na França, Raí voltou na final contra o Corinthians. Em 2000, o goleiro alcançou um feito enorme: fez um golaço de falta na final contra o Santos.

Rogério começava a mostrar que era um jogador múltiplo, de estilo moderno. Ótimo na defesa, ótimo no ataque, esperança permanente de defesas improváveis e gols emocionantes. Um guardião seguro, um chutador implacável, um exemplo de versatilidade.

Campeonato Paulista,1999. No dia 25 de abril, o goleiro artilheiro marcaria duas vezes em uma partida, na vitória de 2 a 1 contra o Inter de Limeira. Um gol de falta e outro de pênalti. No mesmo ano, em 25 de agosto de 1999, Ceni faria seu primeiro gol internacional, pela Copa Mercosul, ao bater mais uma falta com perfeição.

Em 18 de junho de 2000, o Tricolor dependia apenas de um empate para sagrar-se campeão paulista. Foi quando Rogério Ceni marcou seu nome na história do futebol mundial, sendo o único goleiro do mundo a fazer um gol em final de campeonato. O golaço, de falta, teve a maestria de sempre e foi direto no ângulo. O jogo terminou em 2 a 2. O ano de 2000, aliás, teve um sabor especial para o goleador. Além de conquistar o Campeonato Paulista, ele balançou a rede oito vezes, quase o dobro do ano anterior, quando tinha registrado seu melhor desempenho até então.

Ceni, com suas excelentes atuações no gol e no comando do time, ganhava cada vez mais importância, levando o SPFC a bons resultados. Na campanha do Torneio Rio-São Paulo, em 2001, o capitão fez um de seus grandes jogos embaixo das traves, na semifinal contra o Fluminense, em 21 de fevereiro. O jogo terminou 2 a 1 para o time carioca no tempo regulamentar, mas, nos pênaltis, Rogério mostraria toda sua agilidade, bom posicionamento e raciocínio rápido, fazendo três defesas memoráveis. Nessa disputa, que terminou em 7 a 6 para o SPFC, Ceni fechou o gol, levando a torcida à loucura e seu clube de coração à final. Com ele na Seleção Brasileira, o São Paulo seria campeão do Rio-SP.

Ainda em 2001, mais precisamente no dia 21 de outubro, o goleiro faria outra grande partida. Em uma tarde chuvosa, durante o Campeonato Paulista, o goleiro transformou-se numa barreira intransponível contra a Portuguesa (1 a 0 para o SPFC). Rogério fez cinco defesas impressionantes e o jogo é tido, até hoje, como uma das maiores partidas do capitão tricolor. Outro confronto que merece recordação foi contra o Palmeiras, no Torneio Rio-São Paulo, em 27 de Abril de 2002. Em cobrança de falta, Rogério marcou seu 25º gol. A bola rasteira passou marota, embaixo da barreira, junto à trave. O gol foi uma pintura, e o goleiro Marcos não pôde fazer absolutamente nada.

Em 2003, a torcida já tinha canto próprio toda vez que o goleiro entrava em campo: "Pqp... é o melhor goleiro do Brasil, Rogério!!!". Neste ano, o SPFC ficou em terceiro lugar no Campeonato Brasileiro (Rogério fez dois gols na campanha). A boa colocação fez o clube voltar a um torneio muito querido pelos torcedores e pelo M1TO: a Libertadores da América.

Libertadores, 2004. Logo no primeiro jogo, contra o Alianza Lima, do Peru, Ceni marca seu primeiro gol na competição. Nas oitavas de final, outra partida inesquecível, tanto para o goleiro, quanto para a torcida. Ceni, inclusive, o tem como um dos jogos mais importantes de sua carreira. O adversário era o argentino Atlético Rosário Central, e o Morumbi contava com um público de quase 60 mil pessoas. O clima era tão denso que, no intervalo, o técnico Cuca não deixou o time sequer ir para o vestiário. A ordem era ficar em campo, ouvindo e sentindo a vibração da torcida.

No final da partida, o time do Morumbi venceu o jogo por 2 a 1, o que levou a decisão da vaga nas quartas de final para as penalidades máximas. O capitão foi determinante – com qualidade técnica e moral, um autêntico campeão de disciplina e comando. A cobrança de Rogério foi implacável e suas defesas, notáveis, fechando o jogo com chave de ouro (SPFC 5x4 Rosário Central).

Nas quartas de final, o time encarou o venezuelano Deportivo Táchira. A partida terminou 3 a 0 para o SPFC. A seguir veio o Once Caldas e o desfecho que todos conhecemos. O famoso ferrolho colombiano segurou o 0 a 0 no Morumbi e um gol no último minuto, na Colômbia, sacramentou a desclassificação são-paulina. Os surpreendentes colombianos ainda derrubariam outro gigante, o Boca Juniors (ARG). Esta importante lição fortaleceria o elenco tricolor no ano seguinte.

Ainda em 2004, o São Paulo repetiria o terceiro lugar no Brasileirão e se manteria na zona da Libertadores da América.
E que ano foi 2005! Na campanha do título paulista, no dia 27 de fevereiro, o SPFC venceu o Corinthians por 1 a 0. Rogério, nosso "goleiro de outro planeta", defendeu a cobrança do lateral Coelho, definindo a partida para o São Paulo em seus momentos finais. No Campeonato Brasileiro, com o time voltado para a Libertadores, a figura ímpar do goleiro abriu o placar da goleada sobre o mesmo Corinthians (5 a 1). O resultado levou à demissão, pela 13ª vez, de um técnico do Corinthians depois de uma derrota para o SPFC.

O torcedor foi ao Morumbi se despedir da equipe que viajaria no dia seguinte para a aventura do Mundial no Japão, e viu a cena mais corriqueira de 2005: gol do M1TO. De falta, ele marcou na vitória por 3 a 1 sobre o Atlético-PR. Na foto, ele espera pelo abraço do lateral-esquerdo Júnior. (4/12/2005)

Na estreia do técnico colombiano Juan Carlos Osorio, Rogério Ceni decola para celebrar o gol 129, de pênalti, contra o Grêmio, no Morumbi, pelo Campeonato Brasileiro. A vitória por 2 a 0 manteve o São Paulo entre os primeiros na tabela. (6/6/2015)

A trajetória artilheira de Rogério na Libertadores da América 2005 começou com gol de falta contra a Universidad de Chile na primeira fase. O atleta impressionou com a sequência de gols decisivos. Um contra o Palmeiras, de pênalti, na vitória por 2 a 0, no segundo jogo das oitavas de final; dois de falta contra o mexicano Tigres, nos 4 a 0 das quartas de final (praticamente classificando o São Paulo para a semifinal); um de pênalti contra o River Plate, no Morumbi, no jogo de ida das semifinais, que terminou 2 a 0 para o SPFC.

Na partida de volta contra o River Plate, jogo muito nervoso e equilibrado, a postura confiante do goleiro foi fundamental para o moral da equipe na vitória por 3 a 2. Na final, o SPFC venceu o Atlético Paranaense por 4 a 0 e Rogério terminou a competição como artilheiro da equipe, com cinco gols, e melhor jogador da competição. Depois de tudo isso, obviamente seria ele o homem a erguer a taça da Libertadores.

Passaporte carimbado para o Mundial do Japão. Na semifinal, um gol de Rogério Ceni, de pênalti, garantiu a vitória por 3 a 2 contra o Al-Ittihad, da Arábia Saudita. Foi o único gol de goleiro feito nessa competição. A seguir veio a grande final. O jogo contra o Liverpool é uma das memórias mais preciosas de todo torcedor são-paulino – e do goleiro também, naturalmente. Um gol do excepcional volante Mineiro e muitas defesas mitológicas garantiram o título. Foram mais de seis intervenções de Rogério, que se mostrou, mais uma vez, um monstro como goleiro, atleta e capitão.

Entre essas, a cobrança de falta perfeita de Steven Gerrard, no ângulo, é talvez a mais plástica defesa da carreira de Rogério, tão magistral que foi feita uma escultura para eternizá-la. Em um jogo que o Liverpool exerceu pressão intensa, as defesas cinematográficas de Rogério foram fundamentais. Para coroar a conquista, ele foi eleito o melhor jogador da final (Homem do Jogo) e o melhor da competição (Bola de Ouro).

O Tricolor ganhou três títulos em 2005, ano em que, supreendentemente, seu maior artilheiro era responsável também por evitar os gols dos adversários. Foram 21 bolas na rede em 75 jogos. O melhor jogador da Libertadores e do Mundial.

A equipe seguiu embalada para o ano seguinte, marcado pela volta do técnico Muricy Ramalho ao clube. O São Paulo manteve-se entre os primeiros. Se 2006 foi um ano marcado por vices – no Paulista, na Recopa e na Libertadores –, foi também o ano da conquista do Campeonato Brasileiro, depois de 15 anos. O festival de gols de goleiro continuou: 16 em 57 jogos.

Na Libertadores da América, o Chivas Guadalajara, do México, quebrou uma enorme invencibilidade do Tricolor no Morumbi no torneio, na primeira fase. Quando veio a semifinal, as equipes se reencontraram. Resultado? Rogério marcou fora de casa, garantindo a vitória por 1 a 0, e pegou um pênalti em casa, decretando os 3 a 0.

Na sequência, a derrota para o Internacional, na final da Libertadores, poderia abalar o time na disputa do Brasileiro de 2006. O capitão tratou de levantar o moral do grupo, ao marcar duas vezes no jogo seguinte, e ainda defendeu um pênalti, evitando a derrota para o Cruzeiro. O jogo terminou 2 a 2, e o São Paulo embalou para ganhar o campeonato. Os gols, de pênalti e com a bola rolando após cobrança de falta — uma das cinco dobradinhas de sua carreira —, ainda lhe garantiram o recorde de maior goleiro artilheiro de todos os tempos, com 64 gols, contra 62 de Chilavert, segundo a FIFA.

Em 19 de junho de 2006, Rogério deu prova de superação ao entrar em campo no jogo que garantiria o título, contra o Atlético Paranaense. Para isso, ele recuperou-se em tempo recorde de uma lesão para estar em campo no empate de 1 a 1 (gol de Fabão para o São Paulo) que rendeu o tetracampeonato.

Na campanha pelo penta, em 2007, o SPFC foi sólido na defesa. Rogério chegou a ficar 988 minutos sem sofrer gols. Em 2008, o time conquistou, com maestria, o hexacampeonato.

O são-paulino viu seu time sagrar-se campeão por três vezes consecutivas no Brasileirão. Em quatro anos, uma Libertadores, um Mundial e um tri nacional. Era tudo o que um torcedor poderia pedir à sua equipe — capitaneada pelo goleiro. O gol que garantiu o hexacampeonato e terceiro consecutivo do time no Brasileirão, em 2008, saiu dos pés de Rogério: o goleiro Harlei rebateu sua cobrança de falta, Hugo chutou e Borges marcou 1 a 0 contra o Goiás.

Tempos difíceis se seguiram, mas o goleiro continuou a fazer o que sabe melhor, na defesa e no ataque. Em 27 de março de 2011, veio o mais importante gol de sua carreira, pelo menos para muitos fãs na torcida tricolor. O local era a Arena Barueri, pois o Morumbi, um dia antes, abrigara o show da banda Iron Maiden. O adversário era o rival Corinthians, que o Tricolor não vencia há 11 jogos. O jogo, válido pelo Campeonato Paulista. O São Paulo abriu o placar com Dagoberto, aos 39 segundos do primeiro tempo, e veio o intervalo.

O Corinthians voltou querendo o empate, até que Fernandinho sofreu falta na entrada da área. Rogério se apresentou para bater, ajeitou a bola e, durante alguns segundos, estudou cada caminho possível que ela poderia percorrer. Andou para os lados como se desenhasse em sua cabeça o caminho do gol. Veio a batida

Lá vem Ceni, e a barreira apavorada? Normal... Não é fácil encarar o artilheiro. Nessa, o goleiro Toyo, do Caracas, deu sorte. A bola beijou a trave e saiu. Mas, nesse mesmo jogo, Rogério fecharia, de pênalti, a vitória por 2 a 0 que garantiu a liderança na Libertadores. (20/4/2006)

Uma noite inesquecível: o São Paulo passou por cima de uma arbitragem desastrosa e deu show na vitória por 2 a 0 sobre o River Plate, da Argentina, na semifinal da Libertadores. O gol 46 de Rogério Ceni, de pênalti, no fim do jogo, deu tranquilidade para, na semana seguinte, com direito a chuva de pedras e clima de guerra, o Tricolor vencer de novo, dessa vez em Buenos Aires, no estádio Monumental de Nuñez, por 3 a 2, e carimbar a vaga na final. (22/6/2005)

perfeita. De perna direita, sobre a barreira, no ângulo direito do goleiro Julio César, perto de onde estava posicionada a grande parte da torcida são-paulina.

Foram cinco minutos de comemoração, um show de fogos durante o jogo, jogadores e torcedores se abraçando. A torcida tricolor perguntava: "Tem troco pra 100?". O Corinthians entrou para a história do futebol mundial ao sofrer o centésimo gol do maior goleiro artilheiro do mundo.

Junto ao atacante Lucas, que fazia sua despedida, Ceni ergueu a inédita taça da Copa Sul-Americana, em 2012, contra o Tigre, da Argentina, e levou o Tricolor de volta à competição preferida dos são-paulinos: a Libertadores da América.

Um ano depois, pela mesma Copa Sul-Americana, Rogério Ceni mostrou seu talento ao fazer defesas monstruosas contra a Universidad Católica, do Chile, pelas quartas de final. Pela atuação nesse jogo, Rogério foi destaque nos principais jornais esportivos do mundo. A imprensa chilena parecia não acreditar. Simplesmente dez bolas impossíveis, seis milagres. Até hoje duvidam, em Santiago, que o M1TO seja deste planeta.

Aos 42 anos, perto de encerrar a carreira, o goleiro artilheiro continuou a fazer gols com frequência impressionante. Quando fez seu oitavo gol contra o Ceará, no dia 26 de agosto de 2015, atingiu média inferior, apenas, à das gloriosas temporadas de 2005 e 2006, as mais gloriosas e goleadoras. Neste mesmo ano, Ceni tornou-se o décimo maior artilheiro do São Paulo, superando os 128 gols marcados por Raí.

"O São Paulo mudou minha vida", disse Rogério ao receber homenagens por seus 25 anos de clube, em 2015. E nós completamos: "Você mudou o São Paulo".

Este é o nosso herói. O nosso capitão. O jogador mais vitorioso da história do Tricolor. O goleiro artilheiro. O craque da camisa número 01. O Pelé do gol. Um exemplo a ser seguido, que mostra que o futebol pode retribuir a paixão e a emoção do torcedor. "Rogééério!" Que o grito continue a ecoar nos campos e nas quadras, nas defesas e nos chutes das crianças Brasil afora.

Todos têm goleiro. Só nós temos Rogério Ceni!

Obrigado, M1TO. Você estará sempre em nossa memória e em nossos corações.

PARA CONQUISTA
É PRECISO ATRA
SPFC

Um ano de ouro

2005

O são-paulino se lembra com carinho do ano em que desfilou pelas ruas com o manto tricolor e um sorriso de orelha a orelha: campeão paulista, campeão da Libertadores, campeão mundial. Três títulos importantíssimos que tiveram muitos personagens brilhantes e um protagonista infalível: Rogério Ceni.

Foram 21 gols – cinco na Libertadores, em que foi um dos artilheiros da equipe – e incontáveis defesas. Nunca o M1TO balançou tanto as redes dos rivais, e provavelmente jamais fez tanta diferença com as mãos, os pés e o coração.

O título paulista por pontos corridos foi conquistado com duas rodadas de antecedência, diante do Santos, numa campanha irrepreensível. Na Libertadores, só uma derrota. O time embalou com a chegada do técnico Paulo Autuori e chegou à final contra o Atlético-PR: 1 a 1 no primeiro jogo, 4 a 0 no segundo, no Morumbi em catarse.

A consagração maior veio do outro lado do mundo. Para conquistá-lo, afinal de contas, é preciso atravessá-lo. Lá foi o São Paulo para o Japão. Rogério Ceni fez um gol na semifinal e impediu dezenas de gols do Liverpool na decisão. Levantou os troféus de melhor do jogo, do campeonato e de campeão do mundo. O melhor ano!

CAMPEONATO PAULISTA 2005

O terceiro Paulistão de Ceni veio em 2005, com empate contra o Santos. A campanha tão superior deu a faixa ao São Paulo duas rodadas antes.

Festa justa para o capitão, abraçado por Falcão, astro do futsal que fez parte do grupo campeão, no estádio do Mogi Mirim. O Paulistão era só o primeiro título daquele ano cheio de glórias. (3/4/2005)

uhlsport

O Campeonato Paulista de 2005 foi especial para o São Paulo. Além da campanha impecável, o elenco tricolor testaria sua força para a Libertadores e o Mundial que viriam. O campeonato foi realizado no sistema de "pontos corridos", todos jogavam contra todos e, no total, cada time jogava 19 partidas. O elenco do São Paulo era comandado por Emerson Leão e garantiu o 20º título de sua história por antecipação, a duas rodadas do fim do campeonato.

A Campanha do São Paulo naquele Paulistão não deixou dúvidas de quem mandava no futebol do Estado. Em 19 jogos, o clube do Morumbi atingiu 45 pontos, oito a mais que o segundo colocado. Ao todo foram 14 vitórias, 3 empates e somente 2 derrotas, uma das melhores campanhas do clube no torneio.

O título veio no jogo contra o Santos, em Mogi Mirim. A torcida são-paulina lotou o Estádio Wilson de Barros para festejar o primeiro título do ano. O jogo terminou empatado em 0 x 0, mas como o segundo colocado, o Corinthians, também empatou seu jogo contra o Ituano, no Pacaembu com o mesmo placar, o São Paulo conquistou, assim, o título.

Durante a ótima campanha, o Tricolor bateu o rival Corinthians no Morumbi por 1 x 0 (gol de Danilo) e massacrou o Palmeiras por 3 x 0 (gols de Diego Tardelli de Penalti, Luizão de cabeça e um golaço do goleiro Rogério Ceni no ângulo esquerdo de Sérgio). Era apenas o início de 2005, mas o time já se mostrava preparado, jogando um belíssimo futebol. Não à toa, o capitão tricolor pôde erguer sua primeira taça naquele ano de ouro.

LIBERTADORES DA AMÉRICA 2005

"Eu amo vocês!", exclamou Rogério à torcida antes de realizar seu maior sonho: erguer a taça de campeão da Libertadores após golear o Atlético-PR por 4 a 0. Um sonho, uma noite épica, histórica. (14/7/2005)

No vestiário, a alegria do M1TO, o troféu da Libertadores, pela terceira vez nas mãos do São Paulo, e o zagueiro uruguaio Diego Lugano, outro símbolo de raça e liderança da equipe supercampeã.

MUNDIAL DE CLUBES 2005

O dono do mundo! Não há um são-paulino que não tenha derramado lágrimas quando Rogério Ceni levantou a taça de campeão mundial. Tricampeão, único clube brasileiro a ostentar tal feito. A atuação perfeita e inesquecível do goleiro na vitória por 1 a 0 sobre o Liverpool, da Inglaterra, o colocou, junto aos companheiros, na galeria de grandes heróis tricolores da história. (18/12/2005)

São Paulo x Liverpool
18 de dezembro de 2005
Estádio Internacional de Yokohama, Japão
Final do Campeonato Mundial de Clubes da FIFA de 2005.

Rogério jura que essa não foi a defesa mais difícil do jogo. Talvez não seja para ele, que é M1TO. O meia Gerrard parece ter colocado com a mão a bola no ângulo ao cobrar falta perfeita, mas o capitão voou tal qual um super-herói. Sem capa, mas com a camisa preta, ele fez uma defesa espetacular, histórica, imortalizada na memória de todos os são-paulinos, e que garantiu a conquista do Mundial.

A cabeçada do espanhol Luis García parecia ter destino certo, mas não havia outro destino naquela noite que não as mãos de Rogério Ceni. Ele pegou essa e tantas outras, para alívio de Fabão, Aloísio, todos os são-paulinos em campo, no Japão e no mundo. (18/12/2005)

Foi mal, Gerrard! O craque do Liverpool teve de amargar a Bola de Prata do Mundial. Com um gol de pênalti na semifinal, 3x2 sobre o Al-Ittihad, e a atuação memorável diante dos ingleses da terra dos Beatles, a Bola de Ouro só poderia ser levada por Rogério Ceni. Foi um dos três troféus que o capitão ergueu: melhor do jogo, do campeonato, e campeão. Tá bom?! (18/12/2005)

O São Paulo esperou 12 anos para voltar ao Japão com a missão de dominar o mundo pela terceira vez. Bicampeão em 1992/93, o clube reconquistou o direito de representar a América do Sul ao vencer a Libertadores de 2005. A tarde do dia 5 de dezembro contou com milhares de torcedores no aeroporto de Guarulhos para o embarque dos jogadores, numa despedida que honrou a campanha magnífica da equipe naquela temporada.

A delegação pousou no Japão com preocupações óbvias: a questão física dos atletas em fim de temporada, a alimentação do outro lado do mundo, a adaptação ao fuso horário de 11 horas à frente. Até a hora de dormir era controlada. Os treinos começaram no dia 7 de dezembro, uma semana antes da semifinal.

O Al-Ittihad, da Arábia Saudita, bateu o Al Ahly, do Egito, e se tornou adversário do São Paulo, que tinha a incômoda obrigação da vitória. Era o primeiro Mundial da Fifa com o formato de campeões continentais, e a expectativa geral era de que sul-americanos e europeus se enfrentassem na decisão.

Amoroso fez 1 a 0 aos 15 minutos do primeiro tempo, mas o empate, aos 32, mostrou o equilíbrio do jogo. Tensão, nervosismo... A partida pesou nos ombros tricolores. O intervalo aliviou. O técnico Paulo Autuori e o capitão Rogério Ceni conseguiram acalmar o São Paulo, que fez 2 a 1 no comecinho da etapa final. De novo, gol de Amoroso.

O ápice estava por vir. Pênalti no estreante Aloísio. Rogério Ceni e Amoroso tinham um acordo. Se houvesse um pênalti na semifinal, o goleiro bateria. Na final, seria do atacante. O M1TO atravessou o campo com olhar concentrado, firme, focado. De uniforme azul e uma gola preta que o protegia do frio congelante, acertou o canto de Zaed, indefensável.

Aos 22 minutos, o segundo gol dos árabes devolveu a tensão ao jogo. O São Paulo não sabia se atacava ou segurava a vitória apertada. Segurou. 12 anos depois, o Tricolor mais querido do mundo estava novamente na final do Mundial. O adversário seria conhecido no dia seguinte, e ninguém esperava que o Deportivo Saprissa, da Costa Rica, batesse o poderoso Liverpool.

A postura do campeão em campo envolve múltiplas facetas e habilidades, como se vê nestas fotos: o olho clínico para não perder um instante da partida, o lançamento certeiro para o companheiro melhor colocado e a orientação dos defensores no momento de formar a barreira. Todas essas qualidades do M1TO foram decisivas para a conquista do Mundial de Clubes de 2005 pelo Tricolor.

O lateral-direito Cicinho deu o primeiro abraço que milhões de são-paulinos queriam dar no maior ídolo: o de agradecimento pelos milagres em Yokohama, no Japão. Gol de Mineiro, 1x0, tri mundial! (18/12/2005)

Com uma formação diferente da que vinha sendo escalada, a equipe da terra dos Beatles fez 3 a 0 com facilidade e manteve algumas marcas intimidadoras: invicta há 18 jogos, sem nem sequer levar um gol há 11. Era esse o tamanho do desafio do São Paulo.

A expectativa do jogo cercava Brasil e Japão como se fossem países vizinhos. Foram dias de ansiedade e pequenas demonstrações de soberba do Liverpool. Steven Gerrard, craque deles, disse que os números o levavam a se sentir imbatíveis.

18 de dezembro. Noite gelada no Japão, manhã cinzenta em São Paulo, onde milhares de torcedores lotaram ruas e bares para acompanhar a partida.

Paulo Autuori mandou a campo Rogério Ceni; Fabão, Lugano e Edcarlos; Cicinho, Josué, Mineiro, Danilo e Júnior; Amoroso e Aloísio. O esquema tático era o 3-5-2 para tentar parar o Liverpool, que começou o jogo tentando se impor a todo custo.

Rogério começou a brilhar cedo, na cabeçada de Luis García que tocou o chão muito perto da linha do gol e complicou demais a vida do goleiro. Mal sabiam que ele seria intransponível.

O São Paulo conseguiu equilibrar o jogo e a posse de bola, embora suasse para criar chances. Um chute de Amoroso da entrada da área e uma tentativa atrevida de Cicinho, quase do meio-campo, animaram os tricolores. Foi um "esquenta" para o que viria em seguida. De Fabão para Aloísio, de Aloísio para Mineiro, um herói improvável, uma aparição surpreendente no meio da zaga inglesa. Os 11 jogos sem sofrer gols foram para o buraco! O volante, camisa 7 às costas, esbanjou categoria ao tocar na saída do goleiro espanhol Reina: 1 a 0.

Daí pra frente, o jogo teve um dono, um rei, um nome: Rogério Ceni. Por mais que ingleses se esforçassem e brasileiros – além do uruguaio Lugano, evidentemente – bravamente lutassem, a tônica do jogo foi o massacre físico do Liverpool contra o massacre técnico do goleiro tricolor.

Quando a bola passou por ele, o assistente canadense Hector Vergara agiu com precisão. Anulou três gols do time britânico, todos de forma correta. Completaram o trio de arbitragem o árbitro Benito Armando Archundia e o outro assistente, Arturo Velázquez, ambos mexicanos.

O Liverpool pressionou, colocou em campo o gigante Peter Crouch, bateu, cabeceou, reclamou, e Rogério Ceni defendeu, defendeu e defendeu. Voou na falta batida por Gerrard, que, incrédulo, olhava à distância aquele super-herói negro se multiplicando em campo.

Foram três minutos de acréscimo. É provável que tenham representado três minutos a menos de vida para cada são-paulino. O tiro de meta do M1TO encerrou a tortura e deu início ao êxtase. Tricampeão mundial! O único brasileiro com tantos títulos, na época se juntou a Real Madrid (ESP), Milan (ITA), Boca Juniors (ARG), Peñarol (URU) e Nacional (URU).

Rogério Ceni foi eleito o melhor jogador da final, o melhor do Mundial, e, como capitão, ergueu o troféu de campeão. 18 de dezembro de 2005, o Dia do M1TO.

CRISTAL
SPFC
VALEU

Uma multidão enlouquecida recebeu a delegação do São Paulo na chegada do Japão. Os tricampeões mundiais foram escoltados desde o aeroporto de Guarulhos até o estádio do Morumbi. Não se via asfalto na cidade de São Paulo: apenas branco, preto, vermelho e orgulho, muito orgulho. (20/12/2005)

TODOS TEM GOLEIROS
SÓ NÓS TEMOS
ROGÉRIO

O trio elétrico dos jogadores e comissão técnica foi recebido pelo prefeito, o palmeirense José Serra, e pelo governador santista Geraldo Alckmin. A bandeira feita para Rogério Ceni, evidentemente, fez parte da festa que impressionou os tricampeões, exaustos da longa viagem, mas felizes por estarem na história. (20/12/2005)

O capitão comandou a festa. Ao lado de Lugano, brincou com a torcida, cantou o hino do São Paulo, pediu aplausos aos companheiros e foi o mestre de cerimônias de uma das maiores festas de rua já vistas na capital paulista. Foram quase 12 horas desde que o trio elétrico deixou o aeroporto, até chegar ao Morumbi.

A taça, tão desejada, tão sonhada, oferecida a cada torcedor que foi às ruas celebrar o orgulho de ser são-paulino, de ser tricampeão do mundo.

Para chegar à final contra o Liverpool, o São Paulo sofreu mais do que imaginava. Venceu os sauditas do Al-Ittihad por 3 a 2. Quase todo coberto pelo frio congelante de Tóquio, Rogério Ceni mostrou a precisão habitual ao cobrar pênalti, marcar o terceiro e se tornar o único goleiro a fazer gols numa edição do Mundial de Clubes. (14/12/2005)

PELA PRIMEIRA VEZ NA HISTÓRIA

Único gol marcado por goleiro em Mundial de Clubes

O campeão da Libertadores de 2005 estreou no Mundial contra o Al-Ittihad, da Arábia Saudita. Fácil? Muito pelo contrário! Para chegar à final, o São Paulo teve que suar. Abriu o placar, sofreu o empate, deslanchou no segundo tempo, mas voltou a passar sufoco no fim. A vitória por 3 a 2 teve dois gols de Amoroso e foi selada por Rogério Ceni, o primeiro e único goleiro a fazer gols numa edição do Mundial de Clubes.

Num pênalti sofrido pelo estreante Aloísio, o capitão atravessou o campo com seu uniforme azul e a gola preta para se proteger do frio. Uma cobrança precisa de pé direito acertou o canto. Rogério não poderia errar, e não errou. Foi o trampolim para a final contra o Liverpool.

“O sucesso, para mim, não se mede pela vitória e, sim, pela

entrega, por fazer o seu melhor a cada dia."

O livro dos recordes homenageia o goleiro dos recordes: três certificados e milhares de aplausos no gramado do Morumbi, onde Rogério Ceni mais se sentiu à vontade na vida. (20/4/2014)

O colecionador de recordes

O goleiro artilheiro

O goleiro que mais gols faz também é, disparado, o primeiro colocado em várias outras categorias. Não à toa, o livro dos recordes (*Guinness World Records*) registrou três recordes mundiais (isso mesmo, três!) de Rogério Ceni:

- O maior número de gols já marcados por um goleiro de futebol. No momento da certificação do recorde pelo *Guinness*, em 13/11/2013, eram 113 os gols de Rogério. Em 26/8/2015, já eram 131.

- O jogador que atuou mais vezes pelo mesmo clube em partidas oficiais. De 7/7/1993 a 27/11/2013, data da concessão do certificado pelo *Guinness*, Rogério Ceni jogou em 1.117 partidas pelo São Paulo. O recordista, até então, era ninguém menos que Pelé, que participou de 1.116 jogos pelo Santos.

- O atleta que atuou mais vezes como capitão de seu time em partidas competitivas. O goleiro artilheiro foi também o capitão do São Paulo em 866 jogos oficiais de 14/8/1994 a 24//11/2013.

Tamanha dedicação ao seu time só poderia mesmo dar esses resultados. "Isso é consequência de um trabalho. Nada mais do que isso", como disse Rogério, de muito bom humor, ao receber os certificados. "Colecionar recordes é sinônimo de que a idade vai avançando..."

Gol 28: São Paulo 2x2 Atlético-MG. Rogério comemora mais um no Brasileirão de 2003, campanha que levou a equipe a disputar a Libertadores do ano seguinte depois de 10 anos afastada. O gol de falta foi um pequeno grão de areia nessa longa caminhada de retomada tricolor. (21/9/2003)

TODOS OS GOLS MARCADOS POR ROGÉRIO CENI, O GOLEIRO ARTILHEIRO, ANO A ANO (ATÉ 26/8/2015):

1997 – 3 gols

GOL #1
15/2/1997, Campeonato Paulista
São Paulo 2 x União São João 0
Local: Araras, SP
Tipo de gol: de falta

GOL #2
13/9/1997, Campeonato Brasileiro
São Paulo 2 x Botafogo (RJ) 2
Local: Estádio do Morumbi, SP
Tipo de gol: de falta

GOL #3
9/11/1997, Campeonato Brasileiro
São Paulo 4 x Paraná 4
Local: Estádio do Morumbi, SP
Tipo de gol: de falta

1998 – 3 gols

GOL #4*
25/1/1998, Jogo amistoso
São Paulo 1 x Combinado Santos/Flamengo 1
Local: Estádio do Morumbi, SP
Tipo de gol: de falta

GOL #5
28/3/1998, Campeonato Paulista
São Paulo 2 x Santos 1
Local: Estádio do Morumbi, SP
Tipo de gol: de falta

GOL #6
12/4/1998, Campeonato Paulista
São Paulo 6 x São José 1
Local: Estádio do Morumbi, SP
Tipo de gol: de falta

1999 – 5 gols

GOL #7
18/4/1999, Campeonato Paulista
São Paulo 4 x Palmeiras 4
Local: Estádio do Morumbi, SP
Tipo de gol: de pênalti

GOLS #8 e #9
25/4/1999, Campeonato Paulista
São Paulo 2 x Internacional (Limeira) 1
Local: Limeira, SP
Tipo de gol: 1 de falta, 1 de pênalti

GOL #10
25/8/1999, Copa Mercosul
São Paulo 4 x San Lorenzo (Argentina) 1
Local: Estádio do Morumbi, SP
Tipo de gol: de falta

GOL #11
3/11/1999, Campeonato Brasileiro
São Paulo 1 x Ponte Preta 0
Local: Estádio do Morumbi, SP
Tipo de gol: de falta

2000 – 8 gols

GOL #12*
17/1/2000, Torneio Constantino Cury (jogo amistoso)
São Paulo 5 x Uralan Elista (Rússia) 1
Local: Estádio do Morumbi, SP
Tipo de gol: de falta

GOL #13
1º/4/2000, Campeonato Paulista
São Paulo 3 x Guarani 2
Local: Campinas, SP
Tipo de gol: de falta

GOL #14
9/4/2000, Campeonato Paulista
São Paulo 4 x Portuguesa Santista 2
Local: Estádio do Morumbi, SP
Tipo de gol: de falta

GOL #15
24/5/2000, Copa do Brasil
São Paulo 3 x América 1
Local: Natal, RN
Tipo de gol: de falta

GOL #16
18/6/2000, Campeonato Paulista
São Paulo 2 x Santos 2
Local: Estádio do Morumbi, SP
Tipo de gol: de falta

GOL #17
17/9/2000, Campeonato Brasileiro
São Paulo 2 x Portuguesa 0
Local: Estádio do Morumbi, SP
Tipo de gol: de pênalti

GOL #18
4/10/2000, Campeonato Brasileiro
São Paulo 1 x Grêmio 1
Local: Estádio do Morumbi, SP
Tipo de gol: de falta

GOL #19
7/10/2000, Campeonato Brasileiro
São Paulo 1 x Internacional (RS) 1
Local: Estádio do Morumbi, SP
Tipo de gol: de falta

2001 – 2 gols

GOL #20
17/3/2001, Campeonato Paulista
São Paulo 4 x Portuguesa Santista 4
Local: Santos, SP
Tipo de gol: de falta

GOL #21
30/6/2001, Copa dos Campeões
São Paulo 2 x Coritiba 0
Local: João Pessoa, PB
Tipo de gol: de falta

2002 – 5 gols

GOL #22
30/1/2002, Torneio Rio-São Paulo
São Paulo 3 x Guarani 2
Local: Campinas, SP
Tipo de gol: de falta

GOL #23
3/2/2002, Torneio Rio-São Paulo
São Paulo 4 x Fluminense 3
Local: Estádio do Morumbi, SP
Tipo de gol: de falta

GOL #24
3/4/2002, Copa do Brasil
São Paulo 6 x Figueirense 1
Local: Estádio do Morumbi, SP
Tipo de gol: de falta

GOL #25
27/4/2002, Torneio Rio-São Paulo
São Paulo 2 x Palmeiras 2
Local: Estádio do Morumbi, SP
Tipo de gol: de falta

GOL #26
26/10/2002, Campeonato Brasileiro
São Paulo 3 x Portuguesa 1
Local: Estádio do Canindé, SP
Tipo de gol: de falta

2003 – 2 gols

GOL #27
20/4/2003, Campeonato Brasileiro
São Paulo 3 x Vasco da Gama 1
Local: Estádio do Morumbi, SP
Tipo de gol: de falta

GOL #28
21/9/2003, Campeonato Brasileiro
São Paulo 2 x Atlético Mineiro 2
Local: Estádio do Morumbi, SP
Tipo de gol: de falta

O Figueirense levou seis gols de Rogério ao longo da carreira. Só neste jogo, vitória do São Paulo por 2 a 1, pelo Brasileirão de 2004, foram dois: um de falta e outro de pênalti. Foi uma das cinco vezes em que o M1TO marcou dois na mesma partida. (17/7/2004)

2004 – 5 gols

GOL #29
11/2/2004, Copa Libertadores da América
São Paulo 2 x Alianza Lima (Peru) 1
Local: Lima, Peru
Tipo de gol: de falta

GOL #30
16/5/2004, Campeonato Brasileiro
São Paulo 2 x Paraná 2
Local: Estádio do Morumbi, SP
Tipo de gol: de falta

GOL #31
19/5/2004, Copa Libertadores da América
São Paulo 3 x Deportivo Táchira (Venezuela) 0
Local: Estádio do Morumbi, SP
Tipo de gol: de falta

GOLS #32 e #33
17/7/2004, Campeonato Brasileiro
São Paulo 2 x Figueirense 1
Local: Estádio do Morumbi, SP
Tipo de gol: 1 de pênalti, 1 de falta

2005 – 21 gols

GOL #34
23/1/2005, Campeonato Paulista
São Paulo 4 x América 3
Local: São José do Rio Preto, SP
Tipo de gol: de falta

GOL #35
20/2/2005, Campeonato Paulista
São Paulo 3 x Palmeiras 0
Local: Estádio do Morumbi, SP
Tipo de gol: de falta

GOL #36
9/3/2005, Copa Libertadores da América
São Paulo 4 x Universidad de Chile 2
Local: Estádio do Morumbi, SP
Tipo de gol: de falta

GOL #37
12/3/2005, Campeonato Paulista
São Paulo 1 x Rio Branco 0
Local: Estádio do Morumbi, SP
Tipo de gol: de pênalti

GOL #38
19/3/2005, Campeonato Paulista
São Paulo 6 x Marília 0
Local: Estádio do Morumbi, SP
Tipo de gol: de falta

GOL #39
26/3/2005, Campeonato Paulista
São Paulo 3 x Santo André, 1
Local: Estádio do Morumbi, SP
Tipo de gol: de pênalti

GOL #40
8/5/2005, Campeonato Brasileiro
São Paulo 5 x Corinthians 1
Local: Estádio do Pacaembu, SP
Tipo de gol: de pênalti

GOL #41
25/5/2005, Copa Libertadores da América
São Paulo 2 x Palmeiras 0
Local: Estádio do Morumbi, SP
Tipo de gol: de pênalti

GOL #42
28/5/2005, Campeonato Brasileiro
São Paulo 1 x Cruzeiro 1
Local: Estádio do Morumbi, SP
Tipo de gol: de pênalti

GOLS #43 e #44
1º/6/2005, Copa Libertadores da América
São Paulo 4 x Tigres (México) 0
Local: Estádio do Morumbi, SP
Tipo de gol: 2 de falta

GOL #45
12/6/2005, Campeonato Brasileiro
São Paulo 2 x Paysandu 2
Local: Belém, PA
Tipo de gol: de falta

Incrível! Nas quartas de final da Libertadores, contra o Tigres, do México, dois gols de falta na vitória por 4 a 0, e um pênalti perdido. Seria seu único "hat-trick". O São Paulo seguiu firme rumo ao tri, e Ceni foi festejado por Fabão e Cicinho. (1/6/2005)

GOL #46
22/6/2005, Copa Libertadores da América
São Paulo 2 x River Plate (Argentina) 0
Local: Estádio do Morumbi, SP
Tipo de gol: de pênalti

GOL #47
20/7/2005, Campeonato Brasileiro
São Paulo 3 x Brasiliense 3
Local: Brasília, DF
Tipo de gol: de falta

GOL #48
28/8/2005, Campeonato Brasileiro
São Paulo 4 x Paraná 0
Local: Maringá, PR
Tipo de gol: de falta

GOL #49
11/9/2005, Campeonato Brasileiro
São Paulo 4 x Coritiba 1
Local: Curitiba, PR
Tipo de gol: de pênalti

GOL #50
18/9/2005, Campeonato Brasileiro
São Paulo 4 x Vasco da Gama 2
Local: Estádio do Morumbi, SP
Tipo de gol: de pênalti

GOL #51
21/9/2005, Campeonato Brasileiro
São Paulo 3 x Cruzeiro 2
Local: Belo Horizonte, MG
Tipo de gol: de pênalti

GOL #52
2/11/2005, Campeonato Brasileiro
São Paulo 2 x Atlético Mineiro 2
Local: Estádio do Morumbi, SP
Tipo de gol: de falta

GOL #53
4/12/2005, Campeonato Brasileiro
São Paulo 3 x Atlético Paranaense 1
Local: Estádio do Morumbi, SP
Tipo de gol: de falta

GOL #54
14/12/2005, Mundial de Clubes
São Paulo 3 x Al-Ittihad 2
Local: Estádio Olímpico, Tóquio, Japão
Tipo de gol: de pênalti

2006 – 16 gols

GOL #55
18/2/2006, Campeonato Paulista
São Paulo 5 x Paulista 1
Local: Estádio do Pacaembu, SP
Tipo de gol: de pênalti

GOL #56
22/2/2006, Campeonato Paulista
São Paulo 3 x Mogi Mirim 0
Local: São Caetano do Sul, SP
Tipo de gol: de pênalti

GOL #57
26/3/2006, Campeonato Paulista
São Paulo 4 x Rio Branco 2
Local: Americana, SP
Tipo de gol: de pênalti

GOL #58
2/4/2006, Campeonato Paulista
São Paulo 3 x Santos 1
Local: Estádio do Morumbi, SP
Tipo de gol: de pênalti

GOL #59
9/4/2006, Campeonato Paulista
São Paulo 2 x Ituano 0
Local: Mogi Mirim, SP
Tipo de gol: de falta

GOL #60
16/4/2006, Campeonato Brasileiro
São Paulo 1 x Flamengo 0
Local: Estádio do Morumbi, SP
Tipo de gol: de pênalti

GOL #61
20/4/2006, Copa Libertadores da América
São Paulo 2 x Caracas (Venezuela) 0
Local: Estádio do Morumbi, SP
Tipo de gol: de pênalti

GOL #62
29/4/2006, Campeonato Brasileiro
São Paulo 4 x Santa Cruz 0
Local: Estádio do Morumbi, SP
Tipo de gol: de falta

GOL #63
3/5/2006, Copa Libertadores da América
São Paulo 2 x Palmeiras 1
Local: Estádio do Morumbi, SP
Tipo de gol: de pênalti

GOL #64
26/7/2006, Copa Libertadores da América
São Paulo 1 x Chivas Guadalajara (México) 0
Local: Estádio Jalisco, Guadalajara, México
Tipo de gol: de pênalti

GOLS #65 e #66
20/8/2006, Campeonato Brasileiro
São Paulo 2 x Cruzeiro 2
Local: Belo Horizonte, MG
Tipo de gol: 1 com a bola rolando, 1 de pênalti

GOL #67
3/9/2006, Campeonato Brasileiro
São Paulo 3 x Santa Cruz 1
Local: Recife, PE
Tipo de gol: de falta

GOL #68
4/10/2006, Campeonato Brasileiro
São Paulo 5 x Vasco da Gama 1
Local: Estádio do Morumbi, SP
Tipo de gol: de falta

GOL #69
2/11/2006, Campeonato Brasileiro
São Paulo 1 x Ponte Preta 1
Local: Estádio do Morumbi, SP
Tipo de gol: de pênalti

GOL #70
26/11/2006, Campeonato Brasileiro
São Paulo 2 x Cruzeiro 0
Local: Estádio do Morumbi, SP
Tipo de gol: de falta

WIZARD
Reebok
SPFC
01
Reebok
SPFC

Gol 104: Em seu segundo jogo após seis meses parado por uma grave lesão no ombro, Rogério Ceni bate falta e abre o placar na vitória por 2 a 0 sobre o Bahia. Golaço! O primeiro da campanha do título da Sul-Americana pelo clube. (1/8/2012)

2007 – 10 gols

GOL #71
11/2/2007, Campeonato Paulista
São Paulo 3 x Corinthians 1
Local: Estádio do Morumbi, SP
Tipo de gol: de pênalti

GOL #72
1º/4/2007, Campeonato Paulista
São Paulo 3 x Palmeiras 1
Local: Estádio do Morumbi, SP
Tipo de gol: de pênalti

GOL #73
12/5/2007, Campeonato Brasileiro
São Paulo 2 x Goiás 0
Local: Estádio do Morumbi, SP
Tipo de gol: de pênalti

GOL #74
3/6/2007, Campeonato Brasileiro
São Paulo 1 x Paraná 0
Local: Curitiba, PR
Tipo de gol: de pênalti

GOL #75
3/7/2007, Campeonato Brasileiro
São Paulo 1 x Internacional 0
Local: Estádio do Morumbi, SP
Tipo de gol: de pênalti

GOL #76
26/7/2007, Campeonato Brasileiro
São Paulo 3 x Sport 1
Local: Estádio do Morumbi, SP
Tipo de gol: de falta

GOL #77
15/8/2007, Copa Sul-Americana
São Paulo 2 x Figueirense 2
Local: Florianópolis, SC
Tipo de gol: de pênalti

GOL #78
26/8/2007, Campeonato Brasileiro
São Paulo 5 x Náutico 0
Local: Estádio do Morumbi, SP
Tipo de gol: de pênalti

GOL #79
28/10/2007, Campeonato Brasileiro
São Paulo 2 x Sport 1
Local: Recife, PE
Tipo de gol: de falta

GOL #80
11/11/2007, Campeonato Brasileiro
São Paulo 1 x Grêmio 0
Local: Estádio do Morumbi, SP
Tipo de gol: de pênalti

2008 – 5 gols

GOL #81
6/4/2008, Campeonato Paulista
São Paulo 3 x Juventus 1
Local: Estádio do Morumbi, SP
Tipo de gol: de pênalti

GOL #82
20/7/2008, Campeonato Brasileiro
São Paulo 2 x Botafogo 1
Local: Estádio do Morumbi, SP
Tipo de gol: de pênalti

GOLS #83 e #84
3/8/2008, Campeonato Brasileiro
São Paulo 4 x Vasco da Gama 0
Local: Estádio do Morumbi, SP
Tipo de gol: 1 de falta, 1 de pênalti

GOL #85
19/10/2008, Campeonato Brasileiro
São Paulo 2 x Palmeiras 2
Local: Parque Antártica, SP
Tipo de gol: de pênalti

2009 – 2 gols

GOL #86
25/10/2009, Campeonato Brasileiro
São Paulo 4 x Santos 3
Local: Estádio da Vila Belmiro, Santos, SP
Tipo de gol: de falta

GOL #87
6/12/2009, Campeonato Brasileiro
São Paulo 4 x Sport 0
Local: Estádio do Morumbi, SP
Tipo de gol: de falta

2010 – 8 gols

GOL #88
23/1/2010, Campeonato Paulista
São Paulo 3 x Rio Claro 0
Local: Estádio do Morumbi, SP
Tipo de gol: de pênalti

GOL #89
13/2/2010, Campeonato Paulista
São Paulo 1 x Ituano 0
Local: Itu, SP
Tipo de gol: de pênalti

GOL #90
25/2/2010, Copa Libertadores da América
São Paulo 1 x Once Caldas (Colômbia) 2
Local: Manizales, Colômbia
Tipo de gol: de falta

GOL #91
21/3/2010, Campeonato Paulista
São Paulo 3 x Mogi Mirim 0
Local: Estádio do Morumbi, SP
Tipo de gol: de pênalti

GOL #92
29/8/2010, Campeonato Brasileiro
São Paulo 2 x Fluminense 2
Local: Estádio do Maracanã, RJ
Tipo de gol: de falta

GOL #93
29/9/2010, Campeonato Brasileiro
São Paulo 2 x Grêmio 4
Local: Porto Alegre, RS
Tipo de gol: de pênalti

GOL #94
3/11/2010, Campeonato Brasileiro
São Paulo 2 x Cruzeiro 0
Local: Uberlândia, MG
Tipo de gol: de pênalti

GOL #95
28/11/2010, Campeonato Brasileiro
São Paulo 1 x Atlético Goianiense 1
Local: Goiânia, GO
Tipo de gol: de pênalti

2011 – 8 gols

GOL #96
16/1/2011, Campeonato Paulista
São Paulo 2 x Mogi Mirim 0
Local: Mogi Mirim, SP
Tipo de gol: de pênalti

GOL #97
3/2/2011, Campeonato Paulista
São Paulo 3 x Linense 2
Local: Estádio do Morumbi, SP
Tipo de gol: de falta

GOL #98
13/2/2011, Campeonato Paulista
São Paulo 3 x Portuguesa 2
Local: Estádio do Canindé, SP
Tipo de gol: de falta

GOL #99
23/3/2011, Campeonato Paulista
São Paulo 2 x Paulista 3
Local: Jundiaí, SP
Tipo de gol: de pênalti

GOL #100
27/3/2011, Campeonato Paulista
São Paulo 2 x Corinthians 1
Local: Barueri, SP
Tipo de gol: de falta

GOL #101
10/4/2011, Campeonato Paulista
São Paulo 4 x Noroeste 1
Local: Bauru, SP
Tipo de gol: de pênalti

GOL #102
4/8/2011, Campeonato Brasileiro
São Paulo 3 x Bahia 0
Local: Estádio do Morumbi, SP
Tipo de gol: de pênalti

Gol 107: como se fosse um menino, aos 39 anos, Rogério Ceni comemora o gol de pênalti na vitória por 2 a 1 em cima do Náutico. A partida, pelo Brasileirão, no Morumbi, marcou a estreia de Paulo Henrique Ganso no São Paulo. (18/11/2012)

GOL #103
31/8/2011, Campeonato Brasileiro
São Paulo 1 x Fluminense 2
Local: Estádio do Morumbi, SP
Tipo de gol: de pênalti

2012 – 4 gols

GOL #104
1º/8/2012, Copa Sul-Americana
São Paulo 2 x Bahia 0
Local: Salvador, BA
Tipo de gol: de falta

GOL #105
18/8/2012, Campeonato Brasileiro
São Paulo 3 x Ponte Preta 0
Local: Estádio do Morumbi, SP
Tipo de gol: de pênalti

GOL #106
11/11/2012, Campeonato Brasileiro
São Paulo 1 x Grêmio 2
Local: Porto Alegre, RS
Tipo de gol: de pênalti

GOL #107
18/11/2012, Campeonato Brasileiro
São Paulo 2 x Náutico 1
Local: Estádio do Morumbi, SP
Tipo de gol: de pênalti

2013 – 6 gols

GOL #108
23/1/2013, Copa Libertadores da América
São Paulo 5 x Bolívar (Bolívia) 0
Local: Estádio do Morumbi, SP
Tipo de gol: de pênalti

GOL #109
9/2/2013, Campeonato Paulista
São Paulo 2 x Guarani 1
Local: Campinas, SP
Tipo de gol: de falta

GOL #110
4/4/2013, Copa Libertadores da América
São Paulo 1 x The Strongest (Bolívia) 2
Local: La Paz, Bolívia
Tipo de gol: de pênalti

GOL #111
17/4/2013, Copa Libertadores da América
São Paulo 2 x Atlético Mineiro 0
Local: Estádio do Morumbi, SP
Tipo de gol: de pênalti

GOL #112
14/7/2013, Campeonato Brasileiro
São Paulo 2 x Vitória 3
Local: Salvador, BA
Tipo de gol: de falta

GOL #113
13/11/2013, Campeonato Brasileiro
São Paulo 2 x Flamengo 0
Local: Itu, SP
Tipo de gol: de pênalti

2014 – 10 gols

GOL #114
9/2/2014, Campeonato Paulista
São Paulo 1 x Ponte Preta 2
Local: Campinas, SP
Tipo de gol: de pênalti

GOL #115
7/5/2014, Copa do Brasil
São Paulo 3 x CRB 0
Local: Estádio do Pacaembu, SP
Tipo de gol: de pênalti

GOL #116
21/5/2014, Campeonato Brasileiro
São Paulo 2 x Fluminense 5
Local: Estádio do Maracanã, RJ
Tipo de gol: de pênalti

GOL #117
28/5/2014, Campeonato Brasileiro
São Paulo 2 x Atlético Paranaense 2
Local: Uberlândia, MG
Tipo de gol: de pênalti

GOL #118
16/7/2014, Campeonato Brasileiro
São Paulo 2 x Bahia 0
Local: Salvador, BA
Tipo de gol: de pênalti

GOL #119
31/8/2014, Campeonato Brasileiro
São Paulo 1 x Figueirense 1
Local: Florianópolis, SC
Tipo de gol: de pênalti

GOL #120
14/9/2014, Campeonato Brasileiro
São Paulo 2 x Cruzeiro 0
Local: Estádio do Morumbi, SP
Tipo de gol: de pênalti

GOL #121
24/9/2014, Campeonato Brasileiro
São Paulo 2 x Flamengo 2
Local: Estádio do Morumbi, SP
Tipo de gol: de pênalti

GOL #122
4/10/2014, Campeonato Brasileiro
São Paulo 1 x Grêmio 0
Local: Porto Alegre, RS
Tipo de gol: de pênalti

GOL #123
18/10/2014, Campeonato Brasileiro
São Paulo 2 x Bahia 1
Local: Estádio do Morumbi, SP
Tipo de gol: de falta

2015 – 8 gols (até 26/8/2015)

GOL #124
7/2/2015, Campeonato Paulista
São Paulo 2 x XV de Novembro (Piracicaba) 0
Local: Estádio do Pacaembu, SP
Tipo de gol: de pênalti

GOL #125
12/3/2015, Campeonato Paulista
São Paulo 1 x São Bento 0
Local: Estádio do Morumbi, SP
Tipo de gol: de pênalti

Poucas vezes se viu tamanha vibração em Rogério Ceni, antes, durante e depois da partida. O gol de pênalti contra o Atlético-MG ajudou a equipe de campanha ruim na primeira fase a se superar e conseguir a classificação na Libertadores. (17/4/2013)

GOL #126
29/3/2015, Campeonato Paulista
São Paulo 3 x Linense 0
Local: Estádio do Morumbi, SP
Tipo de gol: de falta

GOL #127
11/4/2015, Campeonato Paulista
São Paulo 3 x Red Bull Brasil 0
Local: Estádio do Morumbi, SP
Tipo de gol: de falta

GOL #128
3/6/2015, Campeonato Brasileiro
São Paulo 3 x Santos 2
Local: Estádio do Morumbi, SP
Tipo de gol: de pênalti

GOL #129
6/6/2015, Campeonato Brasileiro
São Paulo 2 x Grêmio 0
Local: Estádio do Morumbi, SP
Tipo de gol: de pênalti

GOL #130
12/8/2015, Campeonato Brasileiro
São Paulo 2 x Figueirense 0
Local: Florianópolis, SC
Tipo de gol: de pênalti

GOL #131
26/8/2015, Copa do Brasil
São Paulo 3 x Ceará 0
Local: Fortaleza, CE
Tipo de gol: de pênalti

Destes 131 gols, 61 foram marcados em cobranças de falta, 69 em batidas de pênalti – e houve até um gol com a bola rolando, após uma cobrança de falta.

* Gols marcados por Rogério Ceni, não reconhecidos no levantamento da FIFA, por se tratar de partidas amistosas.

O Morumbi lotou para ver o São Paulo bater o Cruzeiro e se manter na luta pelo título brasileiro. Rogério pegou tudo, e ainda fez o sétimo gol sobre o clube, também o sétimo no goleiro Fábio, sua maior vítima. (14/9/2014)

O GOL 63

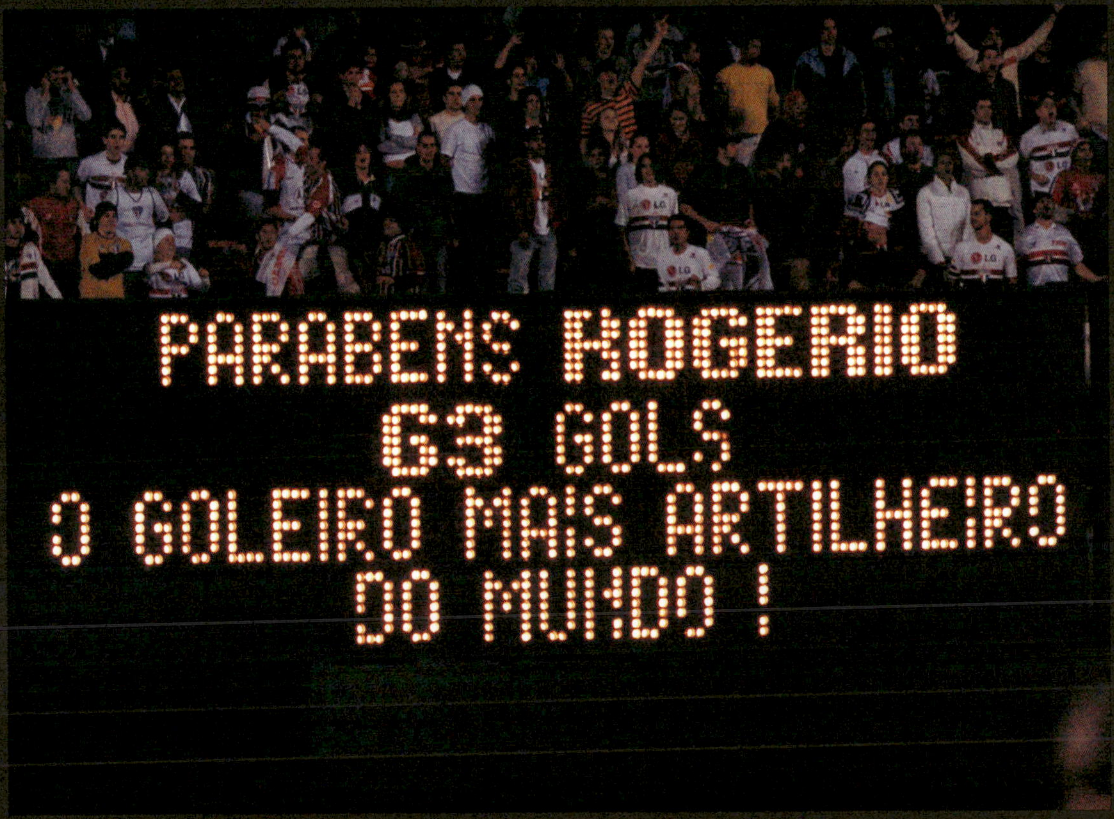
PARABENS ROGERIO
63 GOLS
O GOLEIRO MAIS ARTILHEIRO
DO MUNDO !

NUNCA UM GOLEIRO MARCOU TANTOS GOLS: É O RECORDE MUNDIAL

20 de agosto de 2006. Mineirão, primeiro tempo: Cruzeiro 2x0 São Paulo. O reinado da equipe parecia se encaminhar para o fim, quatro dias depois de perder a Libertadores para o Internacional. Quem pensou isso durante aquele início de massacre, logo percebeu o grave engano.

Rogério Ceni estava lá. Pronto para defender o pênalti de Wagner e impedir o terceiro gol. Pronto para, com a bola rolando, em cobrança de falta ensaiada com Souza, diminuir. Pronto para, de pênalti, empatar. O M1TO chegou empatado com o paraguaio Chilavert, com 62 gols. Naquele dia histórico, chegou aos 64 e tornou-se o maior goleiro artilheiro de todos os tempos.

Em 24 de novembro de 2006, a Federação Internacional de História e Estatística do Futebol (IFFHS) premiou Rogério Ceni com um troféu por ter batido o recorde mundial de gols marcados por um goleiro.

O rival Palmeiras também sofreu sete gols do M1TO. Em 2006, ele marcou no fim da partida, evitou a decisão por pênaltis e classificou o São Paulo para as quartas de final da Libertadores. (3/5/2006)

A euforia do herói depois de marcar o centésimo gol na vitória sobre o Corinthians, na Arena Barueri. (27/3/2011)

UMA JORNADA PERFEITA!

No dia 27 de março de 2011, às 17h09m, aos 8 minutos do segundo tempo de jogo, a Arena Barueri assistiu a um dos momentos mais inesquecíveis da história do futebol brasileiro e mundial.

O goleiro artilheiro fez seu centésimo gol, justamente contra um dos maiores rivais do São Paulo Futebol Clube: o Sport Club Corinthians Paulista.

Uma enorme tensão, tanto de corintianos quanto de são-paulinos, se concentrou nos dias que antecederam o jogo. Todos à espera de um lance histórico – uns a temê-lo, outros a desejá-lo. Na quarta-feira, dia 23/3, Rogério havia marcado o gol número 99 contra o Paulista de Jundiaí, aumentando a expectativa sobre o confronto contra o rival.

No domingo, quando a partida estava 1 a 0, surgiu a grande oportunidade: uma falta próxima à área corintiana, mas longe de ter um posicionamento ideal para o goleiro. De camisa dourada, Rogério veio lá de trás, caminhou tranquilamente, acariciou a bola e deu-lhe o tapa fatal com o pé direito. A falta batida com maestria entrou no ângulo direito da meta de Júlio César, que voou apenas para aparecer na imagem. Após 20 anos e 965 partidas disputadas, o camisa 01 do Morumbi chegou ao seu 100º gol.

A torcida tricolor foi à loucura. Muitos sorriam, outros choravam de emoção; era difícil descrever o sentimento do torcedor naquele momento único, ímpar, indescritível!

Foi o instante mais vibrante daquele Campeonato Paulista. A vitória são-paulina na partida estava selada. A queima de fogos que se seguiu ao gol durou cinco longos minutos. A torcida gritava insistentemente que Ceni era o melhor do Brasil. Nesse mesmo jogo, o São Paulo acabou com o jejum de quatro anos sem vencer o Corinthians.

A festa se estendeu após a partida com uma emocionada volta olímpica do maior goleiro artilheiro do mundo.

Reebok
01
SPFC
BMG
SPFC
Reebok
Reebok

01

A falta não era de
uma posição favorável.
Mas era a primeira chance
do gol 100, no único
clássico daquele período.
Tinha que ser ali, e foi
diante de maravilhados
são-paulinos e incrédulos
corintianos que Rogério
Ceni escreveu mais
um capítulo da história.
Com tranquilidade,
competência e precisão.

SPFC
Reebok
01
SPFC

Reebok
SPFC
SPFC

Reebok
SPFC

"Gooooollll!!!" O grito do M1TO ecoa pela Arena numa tarde memorável.

Camisa pra cima, braços pra cima, coração no alto. A comemoração valeu até um cartão amarelo ao goleiro.

O GOL 1.000 DO SPFC EM BRASILEIROS

O 19º gol de Rogério Ceni foi também o milésimo do São Paulo em Campeonatos Brasileiros. O feito foi anunciado pelo placar eletrônico do Morumbi no empate por 1 a 1 com o Internacional. Mais uma data para ficar na memória e nos livros de recordes. (17/10/2000)

"O que me fascina é entrar em campo e vencer, seja qual for o campeonato."

Aquecimento antes de entrar em campo e comandar o São Paulo na vitória por 3 a 0 sobre o Joinville, pelo Campeonato Brasileiro, no Estádio do Morumbi. (23/5/2015)

Paixão tricolor

O recorde de atuações no mesmo clube

Rogério Ceni tornou-se também o craque da camisa 10 no dia 24 de novembro de 2013. Nessa data, o goleiro artilheiro bateu o recorde de partidas disputadas no mesmo clube: com 1.117 jogos, superou Pelé, outro exemplo de dedicação a uma equipe, que atuou em 1.116 partidas pelo Santos.

Antes disso, Rogério havia superado dois outros ídolos tricolores, os também goleiros Waldir Peres e José Poy, como atleta que mais vezes atuou com a camisa do São Paulo.

Mas a história de tamanha dedicação e profissionalismo não terminou ali. Em 7 de setembro de 2015, o jornal esportivo *La Marca*, da Espanha, publicou reportagem homenageando os 25 anos de Rogério Ceni em ação na meta do São Paulo FC. Entre outros elogios merecidos ao craque, *La Marca* afirma que Rogério é o "Pelé do gol", dizendo também que ele é como um xamã, "um feiticeiro que se acredita ser possuidor de dons sobrenaturais".

Ao lado de João Paulo de Jesus Lopes, Juvenal Juvêncio e Muricy Ramalho, vice, presidente e técnico da época, Rogério recebe um troféu e a camisa 10 em alusão aos 1.117 jogos pelo São Paulo, um a mais do que Pelé fez pelo Santos. (24/11/2013)

O M1TO veste a 10 e se prepara para entrar em campo em mais uma partida histórica de sua carreira. O jogo valeu o recorde mundial de jogos disputados pelo mesmo clube, marca que, até então, pertencia a ninguém menos que o Rei do futebol: Pelé.

O NOSSO CAMISA 10

Se Rogério se transformou no craque de linha, os seus companheiros, naturalmente, se transformaram em Rogério. Ele com a camisa 10, e os demais jogadores com a 01, número que se tornou clássico do M1TO, entraram em campo no início da noite de domingo. Homenagem mais do que justa do São Paulo a quem não se cansou de fazer história.

No jogo 1.117 de Ceni, o Botafogo arrancou um empate de 1 a 1. Aloísio, o "Boi Bandido", fez o gol do São Paulo no Morumbi. (24/11/2013)

“Isso que é time!
Falam em jogar
no exterior...
Pra quê?
Eu jogo no
melhor time

do mundo!
Mais da metade
da minha vida
está aqui dentro!
Eu amo
esse clube!”

Ao completar 525 jogos pelo São Paulo, mesmo número do goleiro argentino José Poy, que defendeu o clube entre 1949 e 1962, Rogério Ceni usou uniforme que reproduziu o da época: homenagem a quem também fez história no clube, com quatro títulos paulistas – três como jogador e um como técnico. Neste dia, o Tricolor venceu o Botafogo por 5 a 2. (7/11/2004)

José Poy nasceu em Rosário, na Argentina, em 16 de abril de 1926, e faleceu aos 69 anos, no dia 8 de fevereiro de 1996. Houve uma pressão para que ele se naturalizasse brasileiro e disputasse a Copa do Mundo de 1954, mas isso não se concretizou. O goleiro ajudou a construir o Morumbi vendendo títulos de cadeiras cativas para obter recursos para a obra gigantesca.

Curiosidade: quando Poy completou 500 partidas, seguiu-se uma antiga tradição de colocar uma terceira trave vertical bem no meio do gol – mas Poy abriu mão dessa suposta regalia.

Em 2005, além de todos os títulos, Rogério se tornou o jogador com mais partidas na história do São Paulo. No Morumbi, ele igualou os 617 jogos do então recordista Waldir Peres, que defendeu o gol tricolor entre 1973 e 1984, inclusive na famosa decisão por pênaltis contra o Atlético-MG, em 1977. Com sua catimba e experiência, ajudou o Tricolor a ganhar seu primeiro Campeonato Brasileiro. Na imagem, um abraço de heróis. (23/7/2005)

Waldir Peres se prepara para enfrentar o Guarani no Brasileirão de 1982. Ele é o segundo jogador que mais defendeu o São Paulo, com 617 jogos. À frente dele, só o M1TO.

618
RC

Na partida seguinte, o M1TO se tornou recordista absoluto: 618 jogos, sempre com a mesma dedicação, o mesmo amor pelo São Paulo.

No dia 27 de julho de 2005, no Mineirão, o empate sem gols contra o Atlético-MG, no mesmo local e com o mesmo rival do jogo mais simbólico de Waldir Peres. A partida marcou o feito de Ceni, que ao longo dos anos se tornaria absolutamente inalcançável, com mais de 1.200 jogos pelo clube de seu coração. Uma honra para ele e para toda a nação tricolor.

Rogério entrou em campo vestindo um de seus uniformes mais belos e originais: o número 1 às costas da camisa era ladeado pelo 6 e o 8, formando 618 – o novo recorde.

R.Ceni
01
Reebok
ZERO-CAL

Um "genuíno ícone do futebol". Assim a FIFA definiu Rogério Ceni quando ele completou 900 jogos pelo São Paulo. A marca, em seu coração e nas bandeiras agitadas pela torcida no Morumbi, foi atingida contra o Universitário, em Lima, no Peru.

A comemoração aconteceu no Morumbi, na semana seguinte, no jogo da volta pelas oitavas de final da Libertadores. E foi recheada de tensão, emoção e reviravoltas. Os dois empates por 0 a 0 levaram a vaga nas quartas a ser decidida nos pênaltis. Um sofrimento pelo qual a torcida, em êxtase pelo ídolo, não esperava passar.

De camisa preta, em vez da laranja do tempo normal, para não dar referência aos batedores adversários, Rogério Ceni perdeu sua cobrança. Foi ao desespero e viu o Morumbi ser tomado pelo silêncio. Preferiu nem ver seus companheiros converterem os outros pênaltis – ficou de costas, acompanhando a reação da torcida.

E se recuperou brilhantemente ao defender dois chutes peruanos e classificar o São Paulo novamente: 3 a 1 nos pênaltis. (4/5/2010)

O JOGO 1.000

O destino age ao lado do M1TO. Exatamente 21 anos depois de ser aprovado no São Paulo, ele chega ao milésimo jogo pela equipe e saúda mais de 60 mil torcedores apaixonados no Morumbi. (7/9/2011)

Os companheiros receberam Rogério com todas as honras, enfileirados e com a camisa do goleiro. Lucas e Dagoberto fizeram os gols da vitória por 2 a 1 sobre o Atlético-MG. Uma tarde de reverências ao maior jogador da história do São Paulo.

Pela milésima vez, a torcida pôde entoar a frase de orgulho tricolor: "Só nós temos Rogério".

60.514 pessoas pagaram para ver o milésimo jogo de Rogério Ceni pelo São Paulo: uma festa entre ídolo e torcida. (7/9/2011)

“Você nunca sabe a força que tem até que

sua única alternativa é ser forte.”

Pênalti para o Palmeiras. Rogério se prepara antes de voar no canto e defender a cobrança do atacante Ewerthon: um dos 51 pênaltis que o goleiro defendeu em sua carreira, esse ajudou o São Paulo a vencer o clássico no Morumbi por 1 a 0. (26/5/2010)

Um goleiro de outro planeta

Eternamente Tricolor

E se Rogério Ceni não fizesse gols? Seria "apenas" um goleiro espetacular. Poucos movimentos do futebol são tão bonitos quanto a elasticidade, o reflexo, a coragem, a percepção e a agilidade de um goleiro. O capitão do São Paulo usou e abusou de todas essas características ao longo de sua brilhante carreira.

Obcecado por treinos, jogos e resultados, Rogério Ceni emprestou sua devoção ao Tricolor paulista e usou os gols como tempero à sua incrível qualidade debaixo das traves. Muitas e muitas vitórias do São Paulo foram conquistadas graças a pênaltis defendidos, milagres praticados, defesas inacreditáveis.

A HISTÓRIA DO ATLETA SE CONFUNDE COM A HISTÓRIA DO CLUBE

No dia em que comemorou 38 anos, Rogério esbanjou elasticidade em duelo com a Ponte Preta. (22/01/2011)

BMG

01
LG
SPFC

Em 2009, Rogério Ceni ficou mais de quatro meses parado por uma lesão no tornozelo. E voltou assim, como indica a foto: voando, cheio de apetite para jogar futebol. Suas defesas e o gol de Richarlyson ajudaram o São Paulo a vencer o Fluminense por 1 a 0, na noite em que os são-paulinos mataram a saudade de seu maior ídolo. (19/8/2009)

Os são-paulinos viajaram no tempo quando Rogério Ceni saltou para defender falta de Alex, no Beira-Rio, no dia 31 de maio de 2015. Um voo certeiro, uma defesa quase impossível, um adversário de vermelho...

Inevitável a comparação com a cobrança do meia inglês Steven Gerrard, do Liverpool, quase dez anos antes, na final do Mundial de Clubes da FIFA (veja o lance na página 44).

Além das boas lembranças, o lance impressionou pela elasticidade de Rogério, aos 42 anos. A partida terminou 0x0.

Banrisul
25
Unimed

Houve jogos em que Rogério teve muito trabalho. Quando o São Paulo usou time reserva, por exemplo, contra o Atlético-PR, na Copa Sul-Americana, coube ao goleiro segurar o resultado de 0 a 0 no tempo normal. (27/8/2008)

A plasticidade do movimento necessário para voar e espalmar uma bola que tinha endereço certo, a segurança de agarrar com firmeza um disparo potente do ataque adversário – essas qualidades, e outras ainda, como a de dar passes e lançamentos certeiros para os companheiros melhor posicionados –, Rogério tem de sobra.

Com o time de vermelho, “a cor da raça”, e também das novas cadeiras do estádio do Morumbi, Rogério Ceni vestiu branco diante do Penapolense, nas quartas de final do Campeonato Paulista. Osvaldo fez o gol da vitória são-paulina, e o M1TO, uma defesa monstruosa no minuto final, em chute de Sérgio Mota, revelado pelo Tricolor, que avançou à semifinal. (28/4/2013)

“Eu não tenho isso como emprego, trabalho.

Trato como se fosse a minha casa."

Depois de sete anos vitoriosos com Zetti no gol, o São Paulo teria um novo titular. A Revista do São Paulo FC registrou a ascensão de Rogério ao time em janeiro de 1997.

O craque se apresenta

O começo no SPFC

Telê Santana tinha tanto trabalho à frente de um São Paulo supercampeão, que costumava designar auxiliares para torneios de menor importância. Por isso, Márcio Araújo foi o encarregado de comandar a equipe no Troféu Santiago de Compostela. E a competição de apenas dois jogos, que seria irrelevante, se tornou histórica. Ela marcou a estreia do maior jogador do clube. Rogério Ceni foi escalado pela primeira vez entre os profissionais, no dia 25 de junho de 1993, contra o Tenerife, da Espanha.

Rogério fez ótimas defesas e o atacante Guilherme marcou quatro gols: 4 a 1, e dali até 1997, o goleiro teve paciência para esperar o momento de se tornar o novo titular, com a saída de Zetti, ídolo de tantos anos.

O cartaz promocional do Troféu Santiago de Compostela aponta um momento histórico: 25 de junho de 1993. Diante do Tenerife, da Espanha, e pelas mãos do técnico Márcio Araújo, já que Telê Santana ficara no Brasil com os titulares, Rogério faria sua estreia na equipe profissional do São Paulo Futebol Clube. E não Sau Paulo Futebol Cluve, evidentemente...

A garotada são-paulina, com o suporte de luxo do veterano Toninho Cerezo, fez bonito e levantou a taça do Santiago de Compostela. Quem brilhou? Adivinha... Rogério, aos 20 anos, pegou um pênalti na decisão, depois do empate por 2 a 2 no tempo normal, e garantiu a vitória por 4 a 3 sobre o River Plate, da Argentina. (27/6/1993)

FORMAÇÕES INICIAIS

Nestas fotos, veem-se dois dos primeiros elencos do São Paulo dos quais Rogério Ceni fez parte.

Na foto de cima, o elenco de 1995: (*da esquerda para a direita, em pé*) Nelson, Rogério Pinheiro, Pereira, Paulo Sérgio, Donizete, Rogério Ceni, Bentinho, Sierra, Ailton, Bordon e Cláudio; (*sentados*) Axel, Palhinha, Catê, Pavão, Altair Ramos (preparador físico), Muricy Ramalho (auxiliar técnico), Jair (preparador de goleiros), Ronaldo Luis, Juninho, Caio, Mona e André Luiz.

Na foto de baixo, a formação de 1993 encontra, no aeroporto, o astro da música Ray Charles: (*da esquerda para a direita, na fileira de trás*) Catê, Jamelli, Cláudio Moura, Hélio Santos, Toninho Cerezo, Jorge Magalhães (conselheiro), Araújo (roupeiro), Rogério Ceni e Lula; (*na fileira do meio*) Vítor, Marcos Adriano, Guilherme, Ray Charles, Douglas e Moraci Sant'Anna; (*sentados, à frente*) Ronaldo Luís, Juninho e Gilmar.

MUNDIAL DE 1993, NO JAPÃO

Campeão mundial aos 20 anos, sim, senhor! Rogério Ceni viu do banco de reservas a inesquecível vitória sobre o poderoso Milan, no dia 12 de dezembro. O São Paulo tornava-se bicampeão mundial ao ganhar por 3 a 2 (gols de Palhinha, Toninho Cerezo e Müller).

COPA CONMEBOL – 1994

Ficou decidido que Muricy Ramalho, auxiliar do mestre Telê Santana, montaria um time com jovens para disputar essa competição. Aquela equipe se tornou o famoso Expressinho Tricolor.

Com os garotos, o São Paulo venceu o Corinthians por 4 a 3, na primeira partida da semifinal, em 29/11/1994, no estádio do Pacaembu. Surpreendente, insinuante, rápido, o Tricolor envolveu os titulares do rival. Foram três gols de Juninho Paulista e um de Catê. Na foto: (*em pé*) Mona, Rogério, Nélson, Bordon, Ronaldo Luís e Vítor; (*agachados*) Catê, Pereira, Denílson, Juninho e Caio.

Aos 21 anos, Rogério já tinha a sina de brilhar no clássico. Na volta, no Morumbi, a decisão foi para os pênaltis. Ele defendeu duas cobranças, converteu a sua, garantiu a vitória e levou o São Paulo à final.

O Expressinho já havia passado por titulares de Grêmio e Corinthians, mas como reagiria à pressão de enfrentar um tradicional clube uruguaio? O Peñarol foi o rival da decisão. No dia 14/12/1994, o Morumbi presenciou um chocante baile: 6 a 1 para os meninos de Muricy. Foram dois gols de Caio, três de Catê e um de Toninho.

Na foto (*da esquerda para a direita, em pé*): Mona, Rogério Ceni, Nélson, Bordon e Ronaldo Luís; (*agachados*) Pavão, Catê, Toninho, Pereira, Denílson e Caio.

No jogo de volta, em Montevidéu, no Uruguai, a pressão foi tamanha que, apesar da vitória do Peñarol por 3 a 0, a imprensa local se encantou pelas defesas de Rogério. O São Paulo conquistou a Conmebol e revelou ao mundo inúmeros talentos.

adidas
UMBRO

O PRIMEIRO GOL – 1997

"Eu treinei 100 cobranças de falta por dia, durante 6 meses, para ter essa oportunidade."

Quando Rogério Ceni começou a bater faltas, nem a imaginação mais fértil imaginava que ele faria 131 gols. Tudo começou naquela tarde de sábado, 15 de fevereiro de 1997, no estádio Hermínio Ometto, em Araras.

Coragem e precisão se juntaram quando Ceni atravessou o campo para bater falta sofrida pelo meia Adriano. Com aval do técnico Muricy, acertou o canto esquerdo do goleiro Adnan, do União São João. Um momento histórico! Rogério nem sabia como festejar. A vitória do São Paulo por 2 a 0 virou mero detalhe na tarde em que o M1TO abriu caminho para ser o maior goleiro artilheiro da história.

“Eu adoro jogar futebol, mas o que

eu amo mesmo é jogar pelo SPFC.”

Como esquecer esse abraço? Rogério Ceni e Raí, os grandes ídolos das últimas gerações de são-paulinos, comemoram o título paulista de 2000 no pódio, momentos antes de receberem a taça de campeão. O gol na final, daquela vez, não foi do meia, e sim do goleiro. (18/6/2000)

Um gol matador

2000: a final do Campeonato Paulista

O São Paulo entrou em campo diante do Santos podendo até perder por um gol de diferença, já que havia vencido o primeiro jogo por 1 a 0, com gol de França. O adversário ficou por duas vezes à frente no placar, mas foi batido por dois golaços de falta. Aos 39 minutos do primeiro tempo, Rogério Ceni acertou o ângulo. A bola tocou o travessão antes de quicar dentro do gol de Carlos Germano. Na etapa final, foi a vez de Marcelinho Paraíba marcar. Foi o segundo título paulista do M1TO, que havia sido campeão em 1998. Festa tricolor!

Da esquerda para a direita: (*em pé*) Edmilson, Rogério Ceni, Rogério Pinheiro, Raí, Álvaro, Evair, Alencar, Pimentel e Maldonado; (*agachados*) Marcelinho Paraíba, Fabiano, Edu, Vágner, Belletti, Fábio Aurélio, Sandro Hiroshi, Carlos Miguel e Alexandre. (18/6/2000)

Vibração! O 16º gol de Rogério foi também um dos mais importantes. Com uma camisa estilizada, desenhada pelo próprio goleiro, ele levou o Morumbi ao delírio ao empatar a final do Paulistão com o Santos e ajudar o São Paulo a ser campeão. (18/6/2000)

Aquele golaço sobre o Santos foi o primeiro de um goleiro, de falta, numa final de campeonato. Festa mais do que merecida no Morumbi.

Volante chileno Maldonado, fundamental na campanha de 2000, comemora ao lado de Rogério o gol que abafou a pressão do Santos no Morumbi e deixou o caminho para o título paulista mais tranquilo. (18/6/2000)

O São Paulo havia sido campeão no jogo anterior, ao empatar com o Atlético-PR. A festa foi realizada diante do Cruzeiro. Rogério Ceni abriu o placar, de falta, como sempre, e Fabão fez 2 a 0. A torcida compareceu em grande número ao Morumbi para ver o troféu de melhor time do país ser erguido pela primeira vez depois de 15 anos. Na foto, o goleiro comemora entre o atacante Alex Dias (*à esquerda*) e o meia Rodrigo Fabri (*à direita*).

Foi o primeiro de uma série de três Campeonatos Brasileiros consecutivos pelo São Paulo. (26/11/2006)

Tricampeão brasileiro

2006 / 2007 / 2008

Entre 2006 e 2008, o São Paulo construiu uma das hegemonias mais invejáveis de todos os tempos no futebol brasileiro. Sob a liderança de Rogério Ceni, seu goleiro, capitão, artilheiro e ídolo, a equipe conquistou o tricampeonato nacional e quebrou um jejum de 15 anos. A última conquista havia sido celebrada em 1991.

Nunca antes nem depois daquele São Paulo uma equipe ganhou três Brasileiros consecutivos. Rogério Ceni foi decisivo na conquista destes títulos, com seus gols e defesas extraordinárias. O goleiro alcançava, ao mesmo tempo, um marco particular, também único entre os atletas brasileiros: o 3-1-1, titular do clube em 3 conquistas do Brasileirão, 1 da Libertadores e 1 do Mundial.

Essa conquista também teve outros sabores. O título veio sete meses depois da morte daquele que nunca será esquecido pelos torcedores são-paulinos: o eterno mestre Telê Santana. E, dando exemplo de superação, Rogério Ceni se sacrificou em sessões de fisioterapia para jogar e conquistar o título depois de se lesionar na reta final.

CAMPEONATO BRASILEIRO 2006

"É campeão!". O capitão comemora com a torcida o título do Brasileirão. As atuações de Rogério o consagraram como o melhor goleiro do país. Sua excelente forma, o rigoroso treinamento e seu profissionalismo foram determinantes para inspirar os torcedores a criar o *slogan*: "Todos tem goleiro, só nós temos Rogério Ceni". (26/11/2006)

O Tricolor teve desempenho impecável no Campeonato Brasileiro de 2006: nas 38 partidas disputadas, foram 22 vitórias, 12 empates e apenas 4 derrotas, chegando ao final da competição onze pontos acima do segundo colocado. O título foi conquistado com duas rodadas de antecedência.

Num reencontro vitorioso, Rogério Ceni abraça Muricy Ramalho, técnico do São Paulo no tricampeonato brasileiro, mas também de seu primeiro título, o da Conmebol, em 1994.

CAMPEONATO BRASILEIRO 2007

O Morumbi se acostumou a celebrar títulos. Em 2007, o penta do Brasileiro foi comemorado após vitória por 3 a 0 sobre o América-RN. Rogério Ceni foi eleito o melhor jogador do campeonato e liderou uma defesa quase intransponível. (31/10/2007)

Essa não entrou... mas não fez falta. Rogério quase marcou na vitória por 3 a 0 sobre o América-RN, com gols de Hernanes, Miranda e Dagoberto. O São Paulo deu a volta olímpica de novo, num Morumbi abarrotado de orgulhosos tricolores. (31/10/2007)

Desta vez, a distância para os rivais foi ainda maior: o Campeonato Brasileiro de 2007 foi conquistado pelo Tricolor com quatro rodadas de antecedência, na vitória por 3 a 0 sobre o América-RN, em 31 de outubro. O Brasileirão só terminou mais de um mês depois, no dia 2 de dezembro!

O M1TO comemora a conquista de mais um Brasileirão, tendo ao redor a torcida mais vitoriosa do país, no estádio do Morumbi. (31/10/2007)

SER SÃO-PAULINO VAI ALÉM DE GANHAR PARTIDAS, ALÉM DE TÍTULOS E DAS BARREIRAS DO TEMPO. SER SÃO-PAULINO É CONHECER A PLENITUDE DO AMOR POR UM CLUBE.

Mais um! Tri! Hexa! De novo o melhor do Brasileirão em eleição da CBF, Rogério Ceni acena para os torcedores que transformaram o Bezerrão, em Gama, no Distrito Federal, numa réplica do Morumbi. A vitória por 1 a 0 sobre o Goiás, gol de Borges consagrou uma campanha de recuperação. (7/12/2008)

"Este título eu dedico de coração ao Marcelo Portugal Gouvêa, que me ensinou muito. Pessoa de caráter, conduta; honesto e leal com os atletas. Todo são-paulino está feliz pelo que o senhor fez."

O porta-bandeira mais adequado da história tricolor. Rogério Ceni liderou o São Paulo novamente e dedicou o título ao ex-presidente Marcelo Portugal Gouvêa, que falecera na véspera da penúltima rodada.

Em 2008 foi muito mais difícil.
O São Paulo chegou a estar 11 pontos atrás do líder Grêmio, no início do segundo turno, mas ficou 18 jogos sem perder, maior sequência da era dos pontos corridos.
A reação épica coroou o hexacampeonato, o terceiro título consecutivo.

SPFC
TAM

Decidido, técnico e competente, Rogério Ceni confirma mais uma vez a sua condição de profissional sério, devotado e determinado; um modelo para a atual e as futuras gerações.

Na foto, o capitão obcecado por conquistas ergue em triunfo a taça do Campeonato Brasileiro, em Gama (DF). Ser campeão e levantar troféus já havia se tornado uma rotina. (7/12/2008)

“Me orgulho do profissional que sou, da camisa

que visto,
da minha
dedicação
diária."

Que lindo o Morumbi lotado em mais uma conquista! A Copa Sul-Americana é tricolor depois da vitória sobre o Tigre, da Argentina. (12/12/2012)

Copa Sul-Americana

2012

Era o título que faltava ao São Paulo: a conquista da Copa Sul-Americana. Com a participação de 47 times da América do Sul, a competição reuniu nas finais duas equipes: o São Paulo e o Tigre, da Argentina.

A primeira partida, no Estádio La Bombonera, em Buenos Aires, foi realizada com os ânimos bastante acirrados, na grande tradição de rivalidade entre equipes brasileiras e argentinas, e acabou num suado empate de 0 a 0.

Na partida da volta, no Morumbi, o São Paulo abriu vantagem de 2 a 0 (gols de Lucas e Osvaldo). Inconformada, a equipe do Tigre praticamente fugiu do jogo, e se livrou de levar uma goleada histórica, ao abandonar a partida no final do primeiro tempo – o que levou o juiz a declarar o encerramento sem que houvesse a continuação do jogo.

Esta conquista revelou ao grande público algumas facetas pouco divulgadas da personalidade marcante do goleiro tricolor: o desapego e a generosidade. Pouco antes da premiação, Rogério entregou a braçadeira de capitão ao companheiro Lucas, grande destaque da partida e autor do primeiro gol do jogo. De partida para a Europa, negociado com o Paris Saint Germain, ele disputava sua última partida pelo São Paulo. Desse modo, Lucas pôde, como capitão, erguer o troféu da Sul-Americana, tornando ainda maior a alegria da comemoração.

Rogério ganha um beijo de devoção do amigo Lucas, vibra com o atacante e faz a velha saudação à torcida no título da Sul-Americana, no Morumbi. (12/12/2012)

Na despedida de Lucas, vendido para o PSG, da França, o M1TO deixou que ele erguesse a taça como capitão. Imagem histórica.

Não restou mais nada aos torcedores chilenos da Universidad Católica, a não ser bater palmas para Rogério Ceni. Ele levou três gols, e só não levou oito, dez, porque fez um milagre atrás do outro em Santiago. Aos 40 anos, uma de suas atuações mais impressionantes deu ao São Paulo a vitória por 4 a 3, e a classificação à fase seguinte da Copa Sul-Americana. (23/10/2013)

Um jogo para não esquecer jamais

2013

Com tantas defesas espetaculares e tantos gols marcados, será que existe alguma partida que possa ser considerada a melhor da vida de Rogério Ceni? Muitos torcedores acreditam que a melhor atuação do M1TO foi no dia 23 de outubro de 2013, pelas oitavas de final da Copa Sul-Americana, contra o Universidad Católica, do Chile.

No jogo em Santiago, no Chile, vencido pelo São Paulo por 4 a 3, de virada (dois gols de Aloísio, um de Ademilson e um de Welliton). Rogério fez uma série de defesas extraordinárias. Foi realmente uma jornada inesquecível.

Sua atuação foi destaque na imprensa internacional. Até mesmo o meia do time chileno, Milovan Mirosevic, disse: "Hoje, Rogério Ceni foi de outro planeta". O público presente no estádio aplaudiu Ceni de pé ao término do jogo. Vários jornais definiram a atuação do goleiro como descomunal.

Rogério Ceni comemora o gol marcado contra o Universidad Católica, na partida pela Copa Sul-Americana, no Estádio San Carlos de Apoquindo, em Santiago, no Chile. (23/10/2013)

O abraço do zagueiro Rafael Toloi é carregado de gratidão. Não fossem as absurdas defesas de Rogério Ceni, a equipe teria sido eliminada. A atuação do goleiro é considerada uma das melhores performances em toda a história do futebol mundial.

O capitão tricolor recebe o troféu pela conquista da Eusébio Cup, em Lisboa. (3/8/2013)

Eusébio Cup

2013

A Eusébio Cup se realiza todos os anos em Lisboa, em Portugal, em homenagem a Eusébio, o maior jogador do futebol português de todos os tempos. Nascido em Moçambique, Eusébio, com seus companheiros, levou a seleção lusa à sua melhor classificação numa Copa do Mundo: em 1966, Portugal classificou-se em terceiro lugar, na Copa da Inglaterra.

O Tricolor, com Rogério no gol, fez bonito e venceu o Benfica por 2 a 0, em 3 de agosto de 2013, conquistando o troféu.

Esta foi a última vez que Eusébio, lenda do futebol português, participou da entrega da taça que leva o seu nome, pois veio a falecer cinco meses depois da conquista do São Paulo.

Na foto de cima, todo o carinho do M1TO com um dos gênios do futebol mundial, o português Eusébio, que dá nome ao troféu erguido pelo goleiro.

Abaixo, Rogério Ceni abraça Paulo Autuori, um dos técnicos com quem mais gostou de trabalhar. Juntos, foram campeões não só do torneio em Portugal, mas também da Libertadores e do mundo, em 2005. A vitória sobre o Benfica por 2 a 0 teve gols de Aloísio e Rafael Toloi, no estádio da Luz, em Lisboa. (3/8/2013)

“Eu adoro isso aqui, adoro esse clube! Vou sentir muita falta no dia em que tiver de parar, quando tiver de encerrar.

Sei que vai chegar esse dia, mas, até lá, eu serei sempre o são-paulino mais apaixonado que já passou por aqui, pode ter certeza!”

Machucado, Rogério não pôde atuar na partida em que o São Paulo comemorou seus 25 anos no clube com a inscrição "#M1TO25" nas camisas. Mas deu a preleção antes do jogo e assistiu à vitória por 1 a 0 sobre o Internacional. (5/9/2015)

25 anos de São Paulo FC

2015

Em 7 de setembro de 2015, Rogério Ceni completou 25 anos de dedicação, profissionalismo, trabalho, respeito, lealdade e amor à camisa – tudo isso no mesmo endereço: o do São Paulo Futebol Clube.

Dois dias antes, começou a comemoração pela marca alcançada no jogo pelo Campeonato Brasileiro. O uniforme dos jogadores do São Paulo estampava a hashtag #M1TO25. O Tricolor venceu o Internacional de Porto Alegre, no Morumbi, por 2x0. Um gol do atacante Rogério e um de Michel Bastos.

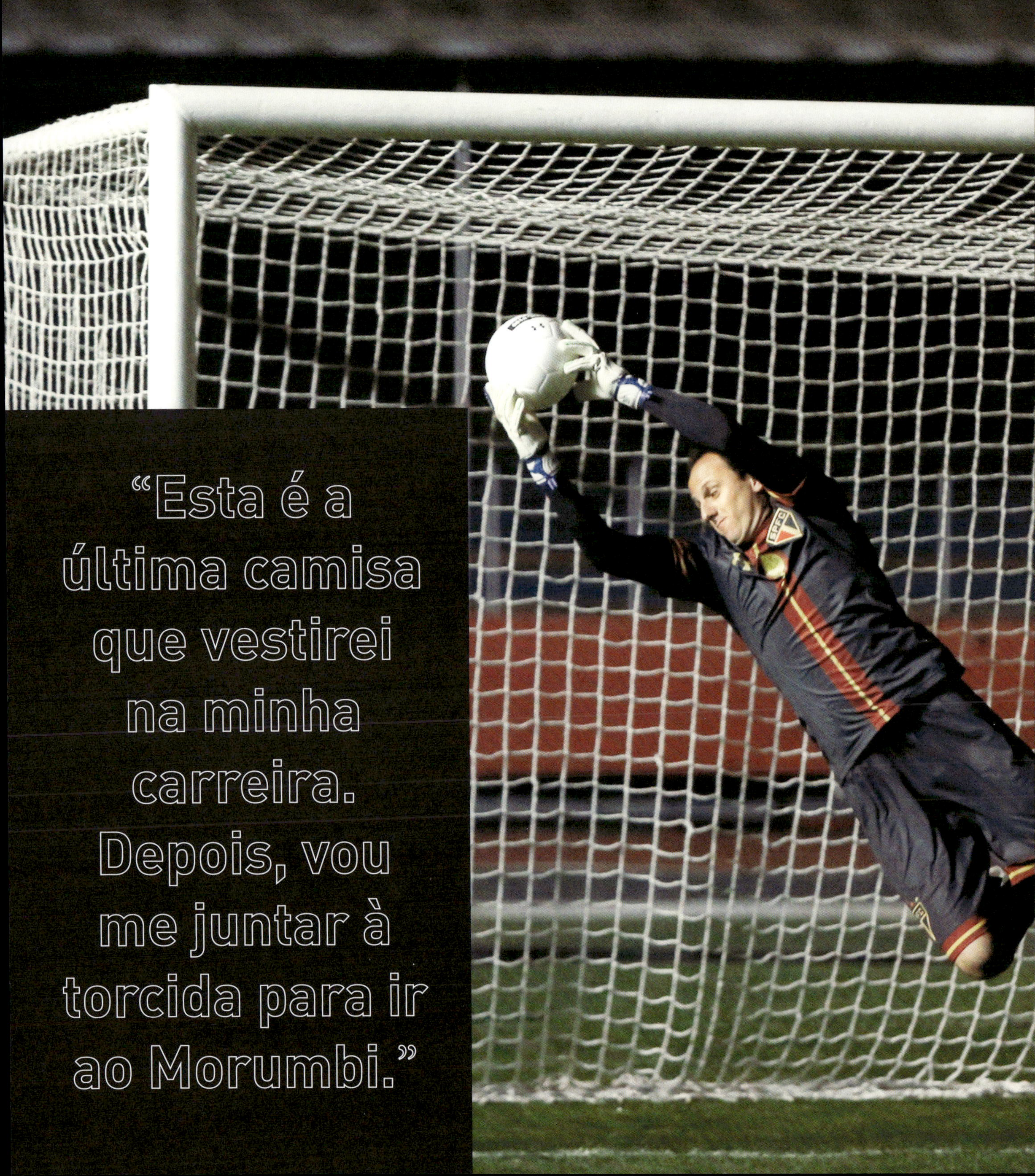

“Esta é a última camisa que vestirei na minha carreira. Depois, vou me juntar à torcida para ir ao Morumbi.”

Na gravação do vídeo de apresentação de sua nova camisa, em comemoração aos 25 anos de carreira (Under Armour, 6/10/2015).

A Seleção Brasileira em Tóquio, antes de jogo amistoso contra o Japão, com Rogério Ceni no gol. O Brasil venceu a partida por 2 a 0, com gols de Amoroso e Emerson. (31/3/1999)

Na Seleção

Um caso à parte de dedicação ao Brasil

Tantas vezes campeão e recordista pelo São Paulo, era natural que Rogério Ceni também fosse chamado a defender as cores do Brasil na Seleção.

Assim, o M1TO também atuou em 17 partidas pela equipe nacional. No primeiro ano como titular do São Paulo, em 1997, já fez parte do grupo campeão da Copa das Confederações, na Arábia Saudita.

Além de ser duas vezes campeão mundial de clubes, Rogério também foi campeão mundial de seleções ao integrar a equipe convocada por Luiz Felipe Scolari para a Copa do Mundo de 2002. O goleiro disputou também a Copa de 2006. Carlos Alberto Parreira o colocou em campo, no lugar de Dida, durante a vitória por 4 a 1 sobre o Japão.

Rogério atuou 17 vezes com a camisa da Seleção.

Rogério fez parte do grupo campeão da Copa das Confederações de 1997, na Arábia Saudita. Atuou durante a vitória sobre o México. Na final, a Seleção goleou a Austrália por 6 a 0, e o capitão Dunga ergueu a taça. (21/12/1997)

Ao lado de inúmeros craques e dos goleiros Marcos e Dida, Rogério se perfila antes da final contra a Alemanha, na Copa do Mundo de 2002. Os dois gols de Ronaldo deram o pentacampeonato mundial ao Brasil no torneio disputado no Japão e na Coreia do Sul. (30/6/2002)

“Não importa
o talento
e a habilidade
que você
tenha,

desde que
a força de
vontade seja
o seu maior
atributo."

Em seu dia de plateia, no estádio do Morumbi, Rogério assiste ao show da banda britânica de rock, Pink Floyd. (4/4/2012)

Bastidores

Rogério Ceni é exemplo para muitos são-paulinos espalhados pelo mundo, seja pela sua conduta dentro do campo ou fora dele. Fã assumido do rock, também vai ao Morumbi para assistir a shows. O capitão tem entre as suas preferências as bandas AC/DC, Pink Floyd, Scorpions e Metallica.

O rock é, inclusive, levado a campo pelo jogador. Rogério, por muitos anos, escolheu a música "Hell's Bells", do AC/DC, quando o Tricolor Paulista entrava em campo.

Em 2008, o estilo musical preferido do goleiro artilheiro chegou a ser usado em uma homenagem: a banda Dr. Sin fez uma música chamada "Número 1" especialmente para Rogério.

O ídolo do ídolo: Ceni presenteou Roger Waters, do Pink Floyd, com um DVD, uma miniatura do estádio e uma camisa. Em retribuição, ganhou um autógrafo em sua guitarra. (4/4/2012)

Jürgen Klinsmann, técnico alemão da seleção dos EUA, no CT do São Paulo. (2/7/2014)

A homenagem ao amigo Aloísio

Em 31 de agosto de 2008, Rogério Ceni entrou em campo com a camisa 14 de Aloísio.
A homenagem ao atacante, que se despedia do São Paulo para atuar no Qatar, foi iniciativa do M1TO a um de seus mais leais companheiros. Juntos, eles participaram da campanha do tri brasileiro e foram campeões do mundo. Nenhum jogador colaborou tanto para que Rogério Ceni fizesse gols.
Foram nove em faltas ou pênaltis sofridos pelo centroavante, autor do passe para o gol do título mundial, feito pelo volante Mineiro, em 2005.

Rogério Ceni no jogo contra o Santos pelo Campeonato Brasileiro, no Morumbi. (31/8/2008)

Rogério confraterniza com Zetti e Leonardo, companheiros campeões mundiais de clubes pelo São Paulo, em jogo pela Fundação Gol de Letra. (13/10/2003)

Rogério fala ao time sobre determinação, empenho e amor à camisa, antes do jogo contra o Huachipato, do Chile, pela Copa Sul-Americana. O São Paulo venceu por 3 a 2. (15/10/2014)

Faz 12 anos que a cena se repete: Haroldo Lamounier, amigo e treinador de goleiros que acompanha Rogério de perto, coloca a braçadeira de capitão no goleiro. O time está prestes a jogar contra o Atlético-MG pelo Brasileirão. (17/10/2009)

Rogério ao lado do atacante Luis Fabiano e do técnico Paulo Autuori: três nomes históricos do São Paulo antes do jogo contra o Coritiba pelo Campeonato Brasileiro. (8/9/2013)

Em 2012, na vitória por 2 a 0 sobre o Figueirense, Rogério Ceni foi homenageado pelos 500 jogos só no Morumbi. Um prazer, uma honra para o torcedor que frequentou sua casa e pôde aplaudir o ídolo. (14/10/12)

Reebok
SPFC

Profissionalismo, superação, dedicação diária, método de trabalho intenso e presença constante nas atividades do clube são algumas das marcas do craque. Na imagem, Rogério Ceni aparece treinando no CT da Barra Funda, com os outros goleiros do elenco. (10/1/2012)

Empenho e perfeccionismo são características do atleta. Nos treinos, Rogério é persistente e dedicado. Não para até atingir suas metas.

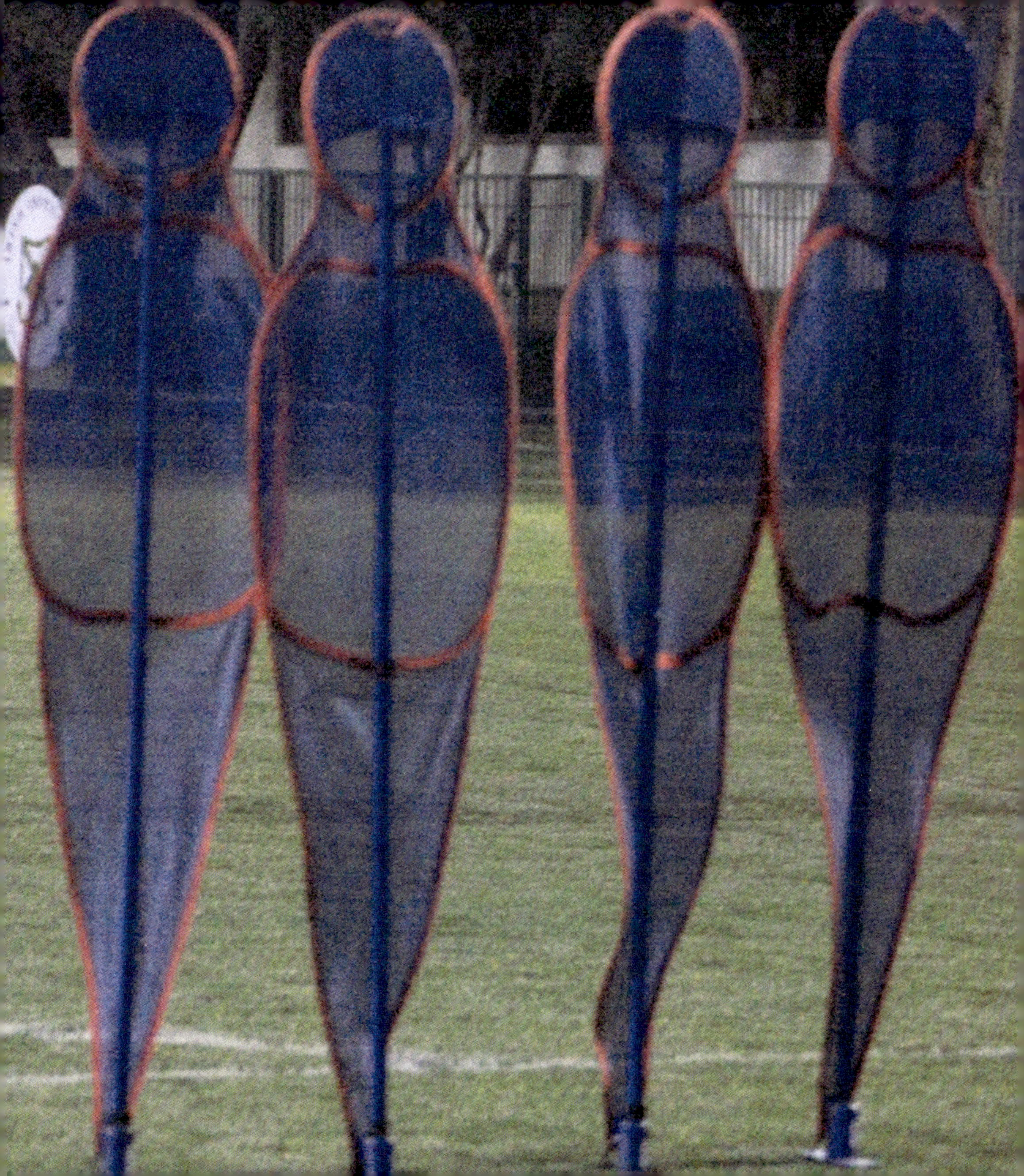

“Cada um tem a sua importância. Todo mundo é peça da

engrenagem que faz o SPFC funcionar. É um trabalho em equipe.”

O melhor jogador do melhor time do mundo. O melhor do campeonato mundial. O melhor do mundo! O melhor... Rogério Ceni ergue a Bola de Ouro no Japão depois de parar o Liverpool. (18/12/2005)

As conquistas do M1TO

Títulos pelo São Paulo:

Campeonato Paulista (Juvenil): 1990
Troféu Cidade de Los Angeles: 1993
Troféu Jalisco: 1993
Troféu Santiago de Compostela: 1993
Copa São Paulo de Futebol Júnior: 1993
Campeonato Paulista de Aspirantes: 1993
Copa Intercontinental (Mundial Interclubes): 1993
Supercopa da Libertadores da América: 1993
Recopa Sul-Americana: 1993, 1994
Copa Conmebol: 1994
Taça do 139º Aniversário de Ribeirão Preto: 1995
Copa dos Campeões Mundiais (clubes brasileiros): 1995, 1996
Copa Cerveja Cristal: 1996
Copa Master da Conmebol: 1996
Copa Clubes Irmãos: 1997
Copa Euro-América: 1999
Torneio Cidade de Los Angeles: 1999
Troféu Cidade de Pachuca-Cuña de México: 1999
Troféu Constantino Cury: 2000
Torneio Rio-São Paulo: 2001
Supercampeonato Paulista: 2002
Copa Libertadores da América: 1993, 2005
Campeonato Paulista: 1992, 1998, 2000, 2005
Mundial de Clubes da FIFA: 2005
Campeonato Brasileiro: 2006, 2007, 2008
Copa Sul-Americana: 2012
Eusébio Cup: 2013

Títulos pela Seleção Brasileira:

Copa das Confederações: 1997
Copa do Mundo: 2002

Título pelo Sinop:

Campeonato Mato-Grossense: 1990

Títulos individuais:

Melhor Goleiro do Mundo - (RSSSF - Rec.Sport.Soccer Statistics Foundation): 2005
Bola de Ouro do Mundial de Clubes da FIFA: 2005
Melhor jogador da final do Mundial de Clubes da FIFA - Chave de Ouro Toyota: 2005
Melhor Jogador da Copa Libertadores da América: 2005
Melhor Jogador da final da Copa Libertadores da América - Chave de Ouro Toyota: 2005
Melhor Goleiro da Copa Libertadores da América: 2005
10º Melhor Jogador do Mundo (RSSSF - Rec.Sport.Soccer Statistics Foundation): 2005
9º Melhor goleiro do mundo (Federação Internacional de História e Estatística do Futebol - IFFHS): 2005
Melhor Goleiro do Brasil: 2002, 2003, 2005 e 2006 - RSSSF
Seleção Ideal do Brasil: 2002, 2003, 2005 e 2006 - RSSSF
Goleiro Ideal da América do Sul (El País, Uruguai): 2005 e 2006
6º Melhor goleiro do mundo (Federação Internacional de História e Estatística do Futebol - IFFHS): 2006
Melhor Goleiro do Campeonato Brasileiro (Troféu Mesa Redonda): 2004, 2005, 2006 e 2007
Melhor jogador do Campeonato Brasileiro: 2006 e 2007
Melhor Goleiro do Campeonato Brasileiro: 2006 e 2007
4º Melhor Goleiro do Mundo - (Ballon d'Or/France Football): 2007
Rei da Bola do Brasileirão: 2007
28º Melhor jogador do mundo (Ballon d'Or/France Football): 2007
5º Melhor goleiro do mundo (Federação Internacional de História e Estatística do Futebol - IFFHS): 2007
Bola de Prata (Placar): 2000, 2003, 2004, 2006, 2007 e 2008
Melhor Goleiro da América do Sul (IFFHS): 2005, 2006, 2007 e 2008
Bola de Ouro (Placar): 2008
11º Melhor goleiro do mundo (Federação Internacional de História e Estatística do Futebol - IFFHS): 2008
13º Melhor goleiro do mundo (Federação Internacional de História e Estatística do Futebol - IFFHS) da década: (2001 - 2009)
Melhor Goleiro do Campeonato Paulista: 2005 e 2011
Entre os Jogadores mais populares do mundo: 2007, 2008, 2009, 2011 e 2012 (Federação Internacional de História e Estatística do Futebol - IFFHS)
50º Maior brasileiro de todos os tempos (Sistema Brasileiro de Televisão - SBT): 2012
Melhor Goleiro da Copa Sul-Americana: 2014
Craque da Torcida: 2007 e 2014
3º Maior Goleiro Brasileiro do Século XX (Federação Internacional de História e Estatística do Futebol - IFFHS)
10º Maior Jogador Brasileiro do Século XX (Federação Internacional de História e Estatística do Futebol - IFFHS)

O M1TO no símbolo do São Paulo: uma das cenas mais bonitas desses 25 anos. Sempre que se repetiu, provocou lágrimas. (17/4/2013)

Rogério volta ao time, recuperado de lesão, após quatro meses, e recebe homenagem da torcida. (29/07/2012)

DRAGÕES

Mais um recorde é batido por Rogério Ceni: o maior número de vitórias conquistadas por um atleta com a camisa do mesmo clube. O placar de 3x0 sobre o Goiás, no Morumbi, marcou o triunfo de número 590 do M1TO com a camisa do São Paulo. Os gols foram marcados por Edson Silva, Luis Fabiano e Alan Kardec. (27/10/2014)

SPFC

TORCIDA

"O maior de todos". A foto fala por si só. (30/4/2011)

Ôooo ôooo obrigado, M1TO Rogério (2x)

Sempre honrou o meu São Paulo como nunca aqui se viu
Recordista e artilheiro, o orgulho do Brasil
Por isso canto bem alto
Amigo, eu falo sério
Todos todos têm goleiro,
só nós temos Rogério

Ôooo ôooo obrigado, M1TO Rogério (2x)

O Tricolor do Morumbi agradece a você
Brasileiros, Libertadores e Mundiais que eu pude ver
Muitos gols inesquecíveis,
mas esse foi o mais belo
Foi em cima de quem mesmo
que o M1TO fez o centésimo?

Ôooo ôooo obrigado, M1TO Rogério (2x)

Letra da música criada pela Torcida Independente em homenagem a Rogério Ceni.

Queima de fogos no Estádio Cícero Pompeu de Toledo (Morumbi), na noite após a vitória por 3 a 0 sobre o América-RN, que selou a conquista do Campeonato Brasileiro pelo São Paulo. (31/10/2007)

Gratidão do torcedor ao MITO

Hoje não vim agradecer pelas inúmeras vitórias e títulos, e sim por você se dedicar mais à carreira do que a qualquer outra vertente de sua vida. Vim agradecer a você por honrar e amar o escudo que veste no peito, escudo que tantas vezes transformou em armadura. Você encarou cada jogo como uma verdadeira batalha e orgulhou toda uma nação apaixonada pelo São Paulo Futebol Clube.

Que oportunidade única para uma torcida ter um jogador leal a um só clube por 25 anos! Poucos torcedores sabem o que é isso. Nós sabemos, graças a você!

Obrigado, Rogério!

Direção de marketing: Marcelo Pepe

Agradecimentos a: André Haddad, Fernando Bracalle, Gustavo Francez, Juliana Poggi e Tassila Carvalho de Castilho.

CIP-BRASIL. CATALOGAÇÃO NA PUBLICAÇÃO
SINDICATO NACIONAL DOS EDITORES DE LIVROS, RJ

C389r
Ceni, Rogério
Rogério Ceni: M1TO / Rogério Ceni. - 1. ed. - São Paulo : Companhia Editora Nacional, 2015.
il.

Exemplar de capa brochura (vermelha)
ISBN 978-85-04-01985-8

1. Ceni, Rogério, 1973-. 2. Jogadores de futebol - Brasil - Biografia. I. Título.

15-27184 CDD: 927.96334

CDU: 929:796.332

09/10/2015 09/10/2015

Gazeta Press
págs. 96, 109, 141, 142, 143, 150, 151 Acervo
págs. 174, 175 Nuno Alexandre Jorge/Sigmapress
pág. 185 Djalma Vassão

Getty Images
pág. 34 Kazuhiro NOGI/AFP Photo
págs. 42, 46 (foto da esquerda), 47 Shaun Botterill
pág. 46 (as duas fotos da coluna da direita) Bob Thomas
pág. 54 Kazuhiro Nogi/AFP Photo
págs. 170, 173 Hector Retamal/AFP Photo
pág. 175 Pedro Nunes/AFP Photo

Lance!
págs. 146, 148 Nelson Almeida/L! Sportpress
pág. 149 Daniel Augusto Jr./L! Sportpress

Latinstock
pág. 45 Issei Kato/Reuters

Perspectiva
pág. 51 Marcos Alves
pág. 214 Eugênio Goulart

Placar
pág. 140

Arquivo Histórico do SPFC:
págs. 107, 134-135, 136, 137, 138, 139. Agradecimento especial a Michael Serra e ao Arquivo Histórico do SPFC pela cessão destas imagens.

Companhia Editora Nacional

Rua Funchal, 263 - bloco 2 - Vila Olímpia
São Paulo - SP - 04551-060 - Brasil - Tel.: (11) 2799-7799
www.editoranacional.com.br - comercial@ibep-nacional.com.br
Impressão e acabamento - Ipsis gráfica - Dezembro/2015